運は
マネージメントできる！

愛されて成功する！

女の運の磨き方

Matsunaga Shugaku

松永修岳

はじめに
未来の幸運は自分次第です

人は誰もが、自分を幸せにする「運」を生まれ持っています。

あなたは今「自分は運がいい」と自信を持っていえますか？
もしも「あまり運がよくない」「幸せではない」と感じているなら、それを妨げている要因を取り除きさえすればいいのです。

運は始めから決まっているわけではありません。
運がよくないというのは、その人がそう思い込んでいるだけ。
たとえ今は不運でも、運は自分しだいで必ずよくすることができます。

本編を読んでいただく前に、まずはその最初の心得をお話ししましょう。

まず、運は「固定観念」があるとやってきません。

こういうものだ、そんなはずはないと決めつけないことです。

「自分は運が悪い」という思い込みもきっぱり捨てましょう。

自分が知らないことなど、世の中にはたくさんあります。

どこに、どんな運をよくするヒントがあるかわかりません。

知らないことを知ろうとする好奇心が、いい運を引き寄せるのです。

「確実」を求める人も運のチャンスをつかめません。

結果が見えないと動けない人、確実でないことは不毛だと思う人は、未来の可能性に目を向けられないのです。

何でもやってみなければわかりません。失敗を恐れていては何も変わりません。そもそも運に「確実」などありませんし、今の時代は100％確実なことなど何ひとつありません。

可能性と自分自身を信じるしかないのです。

そして、いつも自分を磨き「実力」をつけることです。

どこからか幸運が降ってくるのを待つだけの人は、よりよい人生というより、ラクをして生きることを望んでいます。

幸運をつかみ成功する女性は、誰もが「実力」をつける地道な努力をしているのです。自分を磨いている人は、男性にも好かれ、仕事にも一生懸命です。

そうして運に愛されて、大きな幸運、成功をつかめるのです。


ここまでの話で、運をよくすることは難しいと感じましたか？

実際には、ささいなきっかけや気持ちひとつで、運はぐんぐんよくなります。

難しいと決めつけず、自分にもできると信じてください。


私は今後10年、日本の未来を作るのは、30代を中心としたアグレッシブで、エネルギッシュな女性たちだと信じています。

今の日本の危機的な経済を救い、社会をよりよく変えていく力があるのは、男性よりも柔軟性があり、「感性」で行動できる女性です。

これからは家事や育児にも男性が参加する時代です。

女性にとっては、間違いなく追い風の時代となるでしょう。

結婚しても仕事を続け、たとえシングルマザーであってもたくましく生きて、家庭に限らず、社会の表舞台でも活躍するような女性を目指してください。

そうした女性のために、「運のマネージメント法」をこれからお教えします。

脳科学や心理学の知見も取り入れた、気休めではない「運のしくみ」に沿った「運を磨く戦略」です。

運を味方につけてさらに輝き、未来の幸せをしっかりつかんでください。

松永　修岳

女の運の磨き方
CONTENTS

Chapter 2

愛されてリッチになる恋愛運の磨き方
～恋愛運を磨く17の戦略～

CONTENTS

Cahpter 4

成功する女性の仕事運の磨き方
～仕事運を磨く11の戦略～

CONTENTS

Chapter 5

幸運をずっと継続させる秘訣
～幸運を継続させる17の戦略～

この本を
読む前に

現在の「運」をテストしましょう

思い当たる項目に☑を入れて、現在の運の状態を診断してみましょう。

- □ 部屋が散らかっている。
- □ 人といるより、ひとりの時間を大切に思う。
- □ 部屋に絵や花が飾られていない。
- □ めんどうなことは、つい後回しにしてしまう。
- □ 今の仕事があまり好きではない。
- □ 人に「話聞いてないでしょ」といわれる。
- □ 努力が足りない、間違っているといわれるとムッとくる。
- □ 図々しい人にはなりたくない。
- □ 人と話しているときも、常に携帯のメールをチェックする。
- □ 友人に「お金に縁がない人」が多い。
- □ 当たる占い師がいると聞くとつい行ってしまう。
- □ 「お金、お金」という人は見苦しいと思う。

- [ ] いい出会いがない。出会っても長いつき合いにならない。
- [ ] 目標が見つからない。自分探しの途中。
- [ ] ファストフード店によく行く。
- [ ] 夜食をよく食べる。間食が多い。
- [ ] あまり運動をしない。
- [ ] 最近、映画やコンサート、アート展などにあまり行っていない。
- [ ] 人に何かしてもらっても、ついお礼を忘れてしまう。
- [ ] つい過去の恋愛や成功の話をしてしまう。
- [ ] 忙しくて疲れがたまっている。やる気が起きない。
- [ ] 落ち込むときは、とことん落ち込む。
- [ ] 体がいつも冷えている。
- [ ] 10年後、自分が幸せになっていると断言できない。

診断結果

☑の数が……
0〜3個なら運はまずまず好調。
4〜7個は運が下降ぎみ。
8個以上は運が悪い状態。今すぐ運を磨いて不運脱出を！

Chapter

1

一気に運を好転させる運の格上げセオリー

～運のレベルを上げる15の戦略～

「15」の数のパワー……流れを変える。チェンジ。無から有を生む。

運の流れを変える鍵は強い好奇心

運というのは目に見えません。

でも、確かに運のいい人、悪い人がいると、多くの人は経験的に知っています。

冒頭の「現在の運のテスト」であまり運がいいとはいえなかった人は、がっかりしたかもしれません。

それでも、運のいい人になりたいという、希望は持っているはずです。

じつは運の流れを変えることは、それほど難しいことではありません。

そのきっかけになるのは好奇心です。

なになに？　おもしろそう！　どうして？

ふっと気にかかって、なぜか心を動かされること。

好奇心は、頭で考えて起こることではありません。
それはあなたの運の流れを変えるサインのようなものです。
それを敏感にキャッチして、知ろうとすることから、運は変わり始めます。

運はこうした「無意識」のひらめきや行動で変わっていきます。
運のいい人は、意識せずになぜか運をよくする行動をしているのです。
あなたが今、この本を手に取って読んだことも好奇心でしょう。
あなたは運をよくするチャンスに気づいたわけです。
こうした運のしくみを知り、実行していくことが「運の戦略」なのです。

運のレベルを上げる戦略 01

好奇心を強くして、気をひかれることをどんどん追求する。
「なぜか気になる」の連続が運を好転させていきます。

運は占うものでなく自分で変えていくもの

運をよくしたいと思う女性ほど、占いが好きなようです。

趣味として楽しむのはいいのですが、占いをくり返したことで、果たして運がよくなっているのでしょうか。


運にはいくつも種類がありますが、大きくはふたつ。

ひとつは、その人が持って生まれてきた運で「宿命」といいます。

もうひとつは、生まれてからの行動や習慣、考えなど、その人の生き方によって決まる運で、これを「運命」といいます。


宿命はその人の魂の資質のようなもので、ほとんど変わりません。

ところが、運命はその人の生き方によって、よくも悪くも変わっていきます。

占いで運勢や傾向をみることはできても、運命を変えることができるのは自分だけです。

他力本願で、ただ幸運が降ってくるのを待つというスタンスは、そろそろ卒業しませんか？

運は自分で磨く努力をしないと、変わっていきません。

それに気づき、運のしくみにそってマネージメント（管理）していくことで、より着実に運の流れはよくなっていきます。

運のレベルを上げる戦略 02

占いは趣味として楽しむもの。
運命は自分で決めるという攻めの姿勢が大切です。

運命を磨いて幸運のスイッチを押そう

運には持って生まれた「宿命」と、自分の生き方で変わる「運命」があると話しましたが（→18ページ）、詳しくいうと、ふたつを掛け合わせてその人の運となります。

少し難しいかもしれませんが、「宿命」は仏教の輪廻《りんね》転生《てんしょう》という生まれ変わりの思想に基づいた、前世から受け継がれた情報、さらに先祖からの遺伝によって決まります。いわば、定められた運です。

いっぽう「運命」は、その人自身の現世の生き方によって決まります。知識や経験を積み、努力をすることで磨かれていく運です。

この宿命は「無意識」の眠っている脳にデータとして刻まれていて、それを目覚めさせるスイッチの役割をするのが運命です。

宿命というと怖く感じるかもしれませんが、そこにはプラスとマイナスの両方の運があり、どの運がどれくらい発揮されるかは運命の磨き方次第です。

知識や経験、人との出会いなど、より豊かな生き方をすれば、運命は磨かれていき、宿命のプラスのスイッチがたくさん押されます。

反対にあまりいい生き方でなければ、運命はくすんで、ときに憎しみや妬みといった、宿命のマイナスのスイッチばかりが押されてしまいます。

持って生まれた宿命は変えられません。でも、運命を磨いて、宿命のいい運をいかしていけば、必ず運をよくすることはできるのです。

運のレベルを上げる戦略 03

知識や経験を積み、自分を成長させることで運命は磨かれます。
どんどん磨いて、自分の中にある幸運のスイッチを押しましょう！

運の流れは「氣」の流れ

運は目には見えませんが、じつは単なるイメージや迷信ではありません。

運とは、わかりやすくいうと「氣」を運ぶものです。


人の体の中には「氣」というエネルギーが流れています。

氣は科学的な研究も進んで、体の経絡《けいらく》というラインを健康な人でおよそ秒速30〜50 cmで流れているといわれます。

氣はいわば、生命のエネルギー。亡くなった人の体には存在しません。

そして、人の「心」と「体」をつないでいるのが「氣」です。


「気が抜ける」「気が弱る」「気落ちする」「無気力」……。

心と体が離れ、バラバラになったとき、人は生きるパワーを失います。元気がなければ、何事もうまくいかなくて当然でしょう。**運が悪いときは、氣の流れも悪くなっている**のです。

反対に氣の流れがスムーズで「やる気」「根気」「気合い」など、気力が満ちて心と体がぐっと密着するとき、人は普段以上のパワーを発揮します。

つまり、運は「気持ちひとつ」でよくも悪くもなるのです。

氣は人だけではなく、自然界のあらゆるものに流れています。風水とはこの氣の流れがよい土地、住まいや物などについて研究した学問です。

氣のエネルギーは共鳴し合うため、いい氣の流れている人といっしょにいたり、いい氣が満ちた場所や物に触れると、自分の氣も活性されます。反対に氣の流れが悪い人、場所や物から悪い氣を受けると、自分の氣もよどみ停滞します。

「運＝氣の流れ」と考えると、自分自身だけでなく、周囲の環境が運のよし悪しに影響することも納得できるでしょう。

また、「氣」は心と体をつなげるように、自分と他人、場所、物などを目に見えないエネルギーでつなぎます。これが「縁」です。

「氣をひかれ合う関係＝縁＝運」という図式で、いい縁を感じる人、場所、物は、いい運をくれるというわけです。

自分の「氣」を高めるには、何より毎日を「気持ちよく」過ごすことが大切です。さらに周囲からもいい氣をもらい、感謝や恩を返して「いい氣の循環」を作ることで、どんどん運がよくなっていくというしくみです。

運のレベルを上げる戦略 04

「氣の流れ」に敏感になることが、運をよくする秘訣です。気力を充実させ、元気をくれる人、物、場所を大切にして。

「氣」を体感してみよう

氣は体の中を流れるエネルギー。
東洋医学では氣の流れるラインを「経絡《けいらく》」といい、
氣の出るスポットを「経穴《けいけつ》」（ツボ）といいます。
手のひらに氣をためて体感してみましょう。

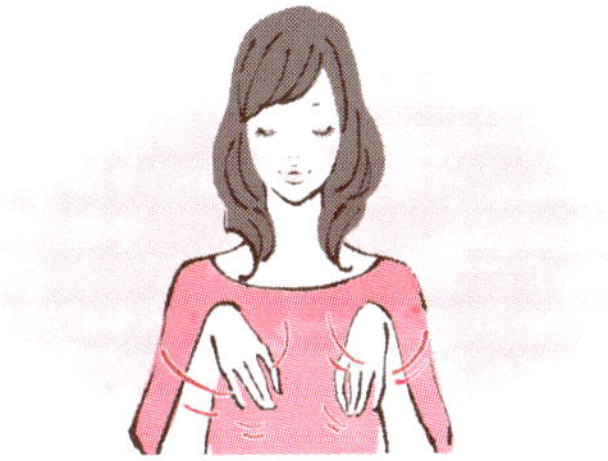

01

力を抜いて、両手をブルブルと素早い動きで10秒以上ふります。

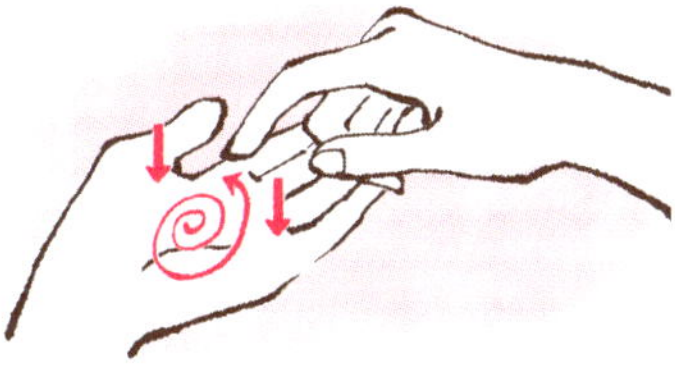

02

片方の手のひらを上に向け、反対の手の人差し指で、手のひらに指がつかないよう浮かしたまま、渦巻きを描いたり、ツンツンと突いてみます。

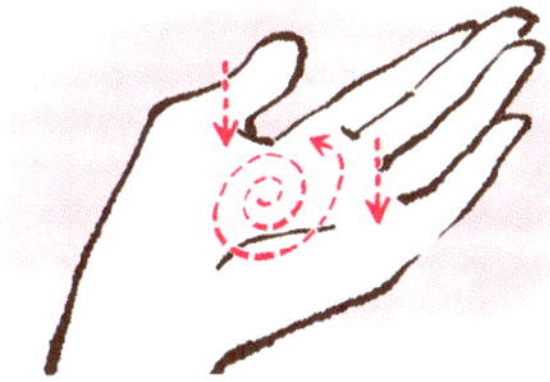

03

指が触れていないのに、手のひらに渦巻きや突かれている感覚があるのでは。そのじんわり感じるエネルギーが「氣」です。

「運のマネージメント」で着実に運はレベルアップする

なぜかいいことばかり続く絶好調なときと、悪いことばかり続く絶不調なとき。運にはリズムやサイクルがあると感じている人もいるでしょう。

自然界に春夏秋冬があるように、運も上昇と下降をくり返しながら、ぐるぐると循環しています。これが、いわゆる「運勢」です。

運勢は占いなどで知ることはできますが、自分の運があまりよくないと感じているとき、それだけを頼りにしても、運はなかなか好転しないでしょう。

運勢とは、運そのものというより、自分の運を上げたり下げたりする波風のようなもの。運のいい人は運勢が好調なとき、波に乗って一気に上昇できますが、反対に運のよくない人はそれを逃し、運勢が不調なときほど波にのまれやすいのです。しかも、運勢はぐるぐる循環するため、一度好調のチャンスを逃したら、次のチャンスまで待たなければいけません。

運勢が好調なときに飛躍するためには、常日頃から自分の運を自分の力で上げていくことが肝心です。じつは運にはしくみと段階があり、それを知ることで、運勢に頼らず、着実に一段一段、運を上昇させていくことができます。

これが、「運のマネージメント（管理）」です。

まずは運のしくみと段階について知りましょう。

レベル1【招運】……体にいい「氣」を取り込み、運を招く。
レベル2【育運】……いい「氣」を体にとどめて、運を磨いて大きく育てる。
レベル3【開運】……いい「氣」を高めて運がしっかり育つと、それが一気に放出され、運の扉が開かれる。
レベル4【幸運】……いい「氣」が満ちあふれ、そのまま運が持続している状態。一過性でなく、ずっと続くレベルの高い運。

レベル5【強運】……　さらにいい運を引き寄せる力が強くなり、ここぞというとき、チャンスを逃さずに勝負強さを発揮する。

たとえば、出会いがない場合、そもそもの運がないため「招運」から始める必要があります。いい話がくるのに発展しないなら、「育運」を高めること。運が悪いといっても、どの段階で滞っているかで、やるべきことが違うわけです。

運を決めるのは、運勢ではなく自分の生き方です。大切なのは、実力をつけて毎日を豊かに生き、たくさんの運を招いて、しっかり磨いて育てること。

この本でそのコツをつかんでください。

運のレベルを上げる戦略 05

幸運は突然、降って湧くものではありません。まず運を招いてしっかりと大きく育て、「幸運」への流れを作りましょう。

「運」をレベルアップさせよう

運はまず招いて、育てて、だんだん大きくなると
一気に花開くというしくみです。
自分の現在の運はどれくらいか見極めて着実に幸運へと
レベルを上げていきましょう。

Level 5　強運

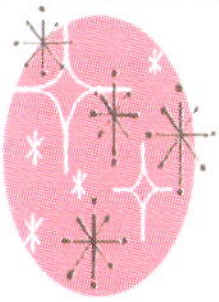

運を感じる力がさらに高まって、試験や勝負など、ここぞというとき強運を発揮してチャンスを逃さない人。「感じる力」の鋭さが鍵です。

Level 4　幸運

目的を達成した後も、さらに運のいいことが持続するいわゆる幸運体質の女性。開運後も努力して自分を磨き続けることがポイントです。

Level 3　開運

日常で運のいい出来事が増えてきたら、あとはチャンスをつかむだけ。体にいい「氣」が充分に満ちてくると、やがて一気に運が花開きます。

Level 2　育運

出会いやきっかけはあるのに発展しない……。自分を磨く努力、人の縁や感謝を大切にして、体にいい「氣」を充満させて招いた運を育てましょう。

Level 1　招運

出会いやチャンスがあまりない……。好奇心を働かせ、つき合う人や環境を変えて、体にいい「氣」を取り込んで運の種をまくことから始めましょう。

感じる力を高めるほど運はよくなる

運をよくする大切な要素に「感じる力」があります。

「感じる」とは頭で考えるのではなく、本能的なもの。氣をはじめ、音などの波動、雰囲気、人の心など、目に見えないものの気配や思いなどを五感や心でキャッチして、察することです。

じつは、運の流れを読むには、この「感じる力」を高めることが重要です。「感じる力」は自律神経系の中枢である「間脳《かんのう》」という脳の働きで、間脳が活性すると「氣」をはじめ、いわゆる予感やカンが鋭くなります。いわば、運のアンテナ。感じる力が高い人ほど「運の流れの変化」を敏感に察知できるため、先を読んで人より早く行動して、チャンスをつかみやすいのです。

感じる力が鈍い人は、運の流れの変化に鈍感なため、チャンスが訪れてもタイミングを逃してしまい、また、人の心の変化にも気づけずに、恋愛でも仕事でも相手の気持ちをつかめません。運のレベルが上がりにくいのです。

間脳を活性するには、五感を刺激して、美しい、楽しい、おいしい、心地いいなど、心を動かされる感動的なもの、感激するものに触れることです。自分が感動、感激できることをたくさん見つけて「感じる力」を高めてください。

運のレベルを上げる戦略 06

アートや音楽、映画、美食、いい香り……。五感を刺激して感じる力を高めましょう。運をキャッチする感度もアップします。

目標よりもまず方向性が大切

運のいい人は、いつも自分の行きたい方向がしっかり定まっています。迷いなく突き進むので、ムダな行動がありません。そうして、がっちりと着実に自分が求めていた幸運をつかみます。

多くの人は夢をかなえるために、まず「目標」を決めますが、じつは大まかな方向性をはっきりさせておくことのほうが大切です。未来に向かって進むとき、目標にこだわると、それがかなわないときはふり出しに戻ってやり直すか、進むべき道を見失います。自分が行きたい方向さえわかっていれば、道を見失ってぐるぐると迷走したり、とんでもない場所に行きつく心配もありません。

自分が行きたい方向性とは「幸せな未来像」です。自分にとっての「幸せ」がはっきりとイメージできるほど、行きたい方向が定まってきます。

そのためには「感じる力」（↓30ページ）を高めることが大切です。

幸せは頭ではなく心で感じるもの。感じる力が鈍い人は、自分にとっての幸せも「たぶん」とか「こんな感じ」など、あいまいにしか表現できません。

自分はどんなときに楽しいか、喜びを感じるか、感動するか、どんな人とどんな場所にいると心地いいか、水を得た魚のようにイキイキするか……。

感じる力を高めて、自分が幸せを感じる瞬間をできるだけたくさん、具体的にあげてください。何か共通項や傾向が見えたら、それはあなたの「幸せ」に不可欠なエッセンス。自分が行きたい方向性を表すキーワードになります。

運のレベルを上げる戦略 07

自分が幸せを感じる瞬間をリストアップしてみましょう。
幸せに必要な要素がわかると、行きたい方向がはっきりしてきます。

未来の幸せへの第一歩！
自分が「行きたい方向性」を探りましょう

自分が本当に求めている「幸せな私」を
はっきりとイメージできますか？
未来の幸せに向かって迷わず進むために
幸せを感じる瞬間を思い起こして
自分の「幸せのキーワード」を明確にしましょう。

幸せを感じる瞬間をリストアップしてみましょう

＊ただ好きなだけでなく「幸せでたまらない！」「ワクワク」「ドキドキ」など、自分が心を動かされる状況を思い浮かべて、具体的にたくさん書き出しましょう。わかるところからでOK。

時間を忘れるほど楽しいこと

思わずうっとりするとき

忘れられない感動の出来事

私の幸せのキーワードは？

＊リストを見ながら共通する言葉、状況、条件など「私が幸せを感じる要素」を５つ決めましょう。言葉で明確にすることで無意識の脳にインストールされ、未来の行動や選択をする際に迷わずにすみます。

01

02

03

04

05

いっしょにいるとワクワクする人、刺激を与えてくれる人

いるだけで気持ちいい空間、インテリア

夢中で楽しめる仕事

テンションが高くなる趣味・物

思いついたらすぐ行動に移す

運をよくする鉄則は、やろうと思ったら「すぐ行動に移す」ことです。

運のいい人は行動力があります。とくにビジネスで成功している女性は、抜群に行動が早い。ビジネスに関しては、うまくいくという確信があっての行動ですが、万事において思いついたらすぐ、まずはやってみるのです。

反対に運のよくない人は、思いついたことを「そのうちやろう」とすぐ先延ばしにします。あるいは「まずは調べてから」と直感よりもデータを信じて、なかなか行動に移しません。

チャンスに気づいても行動に移さないため、タイミングを逃してしまい、運のレベルがなかなか上がらないのです。

運は時間とともに流れていて、わずかな時間でも大きく小さく変化していきます。瞬時に判断して行動する力がないと、運は逃げていってしまいます。運をよくするには直感力やいわゆるカンが大切なのです。

「変化を感じる力」「チャンスに気づくカン」そして「行動の早さ」は、3つセットの運をよくするスキルです。もちろん肝心なのは、最後の行動力。日頃から、思いついたことはすぐ行動に移す習慣をつけましょう。

運のレベルを上げる戦略 08

直感で「やろう」と思ったことは、即実行しましょう。
普段の行動でも、先延ばしグセはやめる心がけを！

自分を磨く努力で運も磨かれる

運のレベルアップのしくみ（↓27ページ）で話しましたが、「招運」を「開運」、「幸運」へとつなげるために、重要になるのが運を育てる力「育運」です。

着実にしっかりと運を育てるために、大切なキーワードがあります。

それは「自分を磨く努力」です。

その人自身が磨かれ輝いてこそ、運も磨かれるといえます。

自分を磨くとは、実力をつけること。エステやおしゃれに限りません。仕事のスキルを高める、本を読んで教養を身につける、習いごとをする、いい人脈を築く……。自分を磨く方法はいくらでもあるはずです。

また、外見だけをせっせと磨いても、心が貧しく浅はかでは一向に輝かないでしょう。心も磨いて両親や周囲の人に感謝をし、人間的に成長するとき、外側と内側の両面から強い輝きが放たれるのです。

見た目がイキイキと輝いて、さらに知性もあり、人として深みのある女性は、恋愛でも仕事でも多くのチャンスに恵まれることは想像がつくでしょう。

実際に運のいい女性は、どんなに忙しくても、自分を磨くことに熱心です。いつも自分を磨いて向上させてください。すると運もどんどん大きく育ちます。自分を磨けば磨くほど運のレベルアップは速くなり、そうして実力をつけるほど、得られる運のスケールも大きくなるのです。

運のレベルを上げる戦略 09

自分を磨く努力=運を育てることです。
磨けば磨くほど、運はぐんぐんレベルアップします。

環境を変えると「氣」も変わる

「自分を磨く努力」は運を育てるために欠かせませんが、これまであまり努力をしていなかった人ほど「やろうと思っても、なかなかできない」と思うのではないでしょうか。

自分の「意識」を変えるのは、簡単なことではありません。

ところが人は「気（＝氣）」が変わると、あっさりとそれまでの言動や行動を変えられます。つまり「気が向く」ということです。

そうした「無意識」の行動は、頭で考える「顕在《けんざい》意識」の行動と違い、理由もなく、なぜかそうしてしまうというもの。

やるべきと頭でわかっていてもできないときは、「氣」を変えることで自然とやる気が湧いてきます。

「氣」を変えることは簡単です。「環境」を変えればいいのです。

つき合う人、場所、物など、自分の環境をこれまでと変えてみてください。

するといっぺんに「氣」が変わるでしょう。

コツは自分が憧れる生き方をしている人に会い、そういう人が集まる場所へ行き、憧れる物に触れて、その雰囲気を「感じる」ことです。

なりたい自分のイメージが形になり、気持ちがワクワクして、意識をしなくても自分を磨く努力は「その世界に近づく楽しみ」に変わります。

憧れの世界と「縁」ができると、運の流れも変わります。いい氣をもらいながら自分を磨けば、どんどんいい運が育つのです。

運のレベルを上げる戦略 10

つき合う人、場所、物をこれまでと変えて「氣」の入れ替えを！
たちまち自分を磨くための「やる気」が湧いてきます。

「気づき」で心を鍛えて強くする

運がいい人と悪い人の決定的な違い。それは「めげない」ことです。

よく「心が折れる」といいますが、そう簡単に折れては運をよくすることはできません。運のいい人は心が強い。それは硬くて折れない強さではなく、どんな形にも曲がる柔軟なバネのような強さです。

ですから、運のいい人は失敗をしたときこそ、そこから多くを学んで次の勝負に生かし、失敗をバネに大きく飛躍します。

失敗をして転んだり、うまくいかずに立ち止ったときこそ、なぜそうなったのか、何がいけなかったのか、自分と向き合って考えてください。

自分の心を見つめるとき、必ず何かの「気づき」があります。

「気づき」とは、自分の心の奥にある答えや真実がわかることです。

それは眠っている脳のデータで、心の奥深くの潜在意識から、泡のように顕在意識にのぼってきて、パッと「なるほど！」「そうだったんだ」と気づくのです。

すっと自分に起こった出来事の意味が理解できたり、わけのわからなかった不安や怒りの理由に気づくこともあるでしょう。

人からいわれたことは、頭ではわかっていても、心で理解しなければ実際には納得していません。自分の心から湧いてくる「気づき」は、理屈などなしに納得できて、自分がおかれている状況から学ぶことで心を強く成長させます。

失敗をしたり、落ち込んだときこそ、多くの気づきが起こります。

気づきが多いほど、人生は豊かになり、運も磨かれて輝きます。

運のレベルを上げる戦略 11

不運なときにただ落ち込んでいては、心は弱くなるばかりです。

自分と向き合い、不運の意味や理由に気づくと心は強くなります。

過去の不運は炎で燃やしてリセット

恋愛や仕事の失敗など、これまで運の悪いことが多かったと感じる人は、運をよくする準備として「過去」をリセットする時間が必要です。

人の思考は、これまでの知識や経験、価値観などをもとに作られます。過去につらいことがあり、それが心の中にあるうちは、未来の可能性を信じることができません。新しい恋愛を見つけたいのに、過去の恋愛を悔やんだり、不運がくり返されることを恐れて、新しいチャンスに気づけません。

未来に向かうために、過去はいったん断ち切りましょう。

心にたまった過去の不運は、心の中で炎を燃やして焼いてしまうことです。心に炎を燃やすために、おすすめなのはキャンドルを使った瞑想です。

香りのいいアロマキャンドルを焚いて、ただ炎をじっと見つめます。

炎の輝きは純粋です。上へ上へと昇る炎で、心にたまった悪い氣（＝邪気）を燃やすと、いい氣がすっと心に入ってくるのを感じるでしょう。

炎を見つめて心が無になったとき、瞑想に入ります。瞑想は「気づき」（↓42ページ）をもたらします。今まで不運が多かった人ほど、炎で過去を燃やしきることで多くの気づきが起こり、心が強くなります。

そうして、今の自分や周囲の人を見つめると、心にじんわりと温かなものが湧いてきます。それは炎で過去を燃やして得た、希望のエネルギーです。

運のレベルを上げる戦略 12

上質なアロマキャンドルを焚き、炎を見つめて瞑想しましょう。
炎の氣で心のデトックスをすると、停滞していた運が流れ始めます。

片づけで運がよくなる理由

運をよくするためには「段取りのよさ」も必要です。
段取りのいい人は、スピーディーに物事をこなします。仕事ができるのはもちろん、変化に柔軟に対応できて、運が停滞しても上手に突破口を見つけます。そうやって、運のチャンスを増やすのです。

この「段取り」は、前頭葉という脳の仕事です。前頭葉は別名「片づけの脳」。整理や分析、企画、優先順位をつけたり、感情のコントロールをつかさどります。片づけや掃除を後回しにしがちな人は、運をよくするためにも前頭葉を鍛えなければいけません。実際、部屋に物が散らかって、汚れやほこりがたまると、「悪い氣」が発生しますから、運がよくなるはずはありません。

運を磨く準備として、まず徹底的に部屋を片づけましょう。

これまで運が悪かった人ほど、部屋にいらない物をため込んでいるのでは？

運は氣の流れですから、滞ったものは吐き出さないと流れ出しません。

部屋にため込んだガラクタは、運を悪くさせる「毒素」だと思ってください。

何年も着ていない服、使っていない不用品は、リサイクルショップに持っていくなり、誰かにあげるなりして、部屋から「デトックス」してしまいましょう。

その後はぜひ、物を使ったらすぐ片づける習慣をつけてください。前頭葉が鍛えられ、すぐ行動する力もついて、運がどんどん育っていきます。

運のレベルを上げる戦略 13

部屋が散らかっていたら、すぐ片づける習慣を。

いい氣が満ちた家は、運を磨く最強のパワースポットになります。

欲張りな女性ほど幸運をつかむ

恋愛も結婚も、お金もキャリアもすべて欲しい！

欲張りな女性は、ガツガツしていて見苦しい？　そんなことはありません。

「恋愛」「お金」「仕事」というのは、男女問わず、人生を構成する大きな3つの要素です。そのどれが欠けても、本当の幸せとはいえないはずです。

大恋愛で結婚しても、貧乏では愛する人が病気になったときに救えないかもしれません。お金や仕事があっても、愛を知らなければ孤独です。

恋愛、お金、仕事。すべてのバランスをとれることが、本当の意味での幸運な人生です。どれかをとったら、どれかはあきらめて、ぜいたくはいわない。

それでは、本当の幸運を知ることは、おそらくできません。

「欲」のことを仏教では「煩悩《ぼんのう》」といいます。煩悩を持たない人は普通いません し、やせがまんをして消えるものでもありません。ないから欲しがるのであり、欲は一度、手に入れて初めて、自然と消滅して いくものなのです。

自分に正直になって、欲しいものは欲しいといい、それを手に入れるために頑張って生きる――。欲は運を磨く原動力ともいえるでしょう。

欲をもって自分を磨き、多くのことに気づき、成長することができたとき、人としての本当の幸せを知ることができるのです。

運のレベルを上げる戦略 14

欲しいものをたくさん見つけて、欲しい気持ちを強くする。手に入れる努力をあきらめない人が、本当の幸運をつかむ人です。

感謝は運を磨く原点

いつも感謝の気持ちを持つことは、何より運を大きく育てます。

ただし「ありがとう」とたくさんいえば、運がよくなるわけではありません。

まず自分が人から感謝されることで、心からの「感謝」がわかってきます。

人が喜ぶことをして、心から感謝をされたとき、自分の心がじんわりと温かくなる感じがするでしょう。

「よかった」「やった甲斐があった」「うれしい」……。

より大きな感謝をもらうほど、感動、そして感激が起こり、思わず涙が出るような喜びで満たされた気持ちになります。

感謝で起こる「気持ち」は、言葉でいえば「愛」です。

恋愛はふたりだけのものですが、感謝の愛はあらゆる人と交歓できます。

先祖など亡くなった人にも、物やお金に対しても感謝の愛は生まれます。


愛は自分の心、人の心を動かす最強のエネルギーといえるでしょう。

よりたくさん、より深い感謝を知ると「愛を感じる力」が高まります。

愛は心をいい氣で満たし、いい縁をつなぎ、あらゆる幸せを運んできます。

目に見えない幸運への連鎖は、感謝＝愛から始まるのです。心から生まれる感謝こそ、運を磨く原点であることをいつも忘れないでください。

運のレベルを上げる戦略 15

人を喜ばせて感謝を知り、自分も心からの感謝を返しましょう。

感謝の「愛」の循環で、運は大きく育ちます。

Chapter 2

愛されてリッチになる恋愛運の磨き方

～恋愛運を磨く17の戦略～

「17」の数のパワー……人の気を集める。人気運を高める。

恋愛運を磨くには まず自分を愛すること

恋愛は女性を輝かせ、美しくする特効薬です。

いい恋愛をしていると、脳はα波の状態になりとてもリラックスします。各種のホルモンが分泌され、体の免疫系や内分泌系、自律神経系が活性され、体にはいい「氣」が充満します。

前章で「運の流れ」＝「氣の流れ」(→22ページ)と話したように、愛し愛される「気持ち」が、何より恋愛運を磨いて輝かせるのです。

そのためには、愛を「感じる力」が必要です。たとえ恋愛経験が多くても、愛を感じる力が鈍い人は、本当に愛すべき人、自分を愛してくれる人が見分けられなかったり、目に見える幸せだけが、愛だと勘違いしてしまいます。

もしも今、心から愛し合える人がいないなら、最初に「自分」への愛を感じることから始めてください。あなたは自分を心から愛せますか?

「愛される女性」は、まず、自分を愛せる人といえます。

自分の体を大事にしているので、健康や美しさへのケアにも手を抜きません。

自分が似合う服、好きな物をよく知っていて、自分を楽しませることが上手。

いつもイキイキと輝き、そういう女性を男性が放っておくはずがありません。

自分への「愛」にも、自分を輝かせ、美しくするパワーがあるのです。

自分を磨くことが楽しいとき、体にはいい氣が流れ、恋愛運も育ちます。

もしも今、自分を愛せないなら、両親への感謝を思い出してください。両親がくれた体を大切にしようと思うと、自分を愛する気持ちが生まれるはずです。

恋愛運を磨く戦略 01

愛を感じる力を高めるには、まず自分を心から愛すること。

すると自然に美しさや魅力が増して、恋愛運も上昇していきます。

愛されたい相手の心をつかむ秘訣

「人を喜ばせる力」は、恋愛でも仕事でも運のレベルをぐんと上げます。

人のために何かをしてあげても、相手がうれしいと喜んでくれなければ、それは自己満足にしかなりません。

相手が何を望み、どんなことをして欲しいか、相手の気持ちを察して、タイミングよくそれを与えることが「人を喜ばせる力」です。

愛される女性は、愛する人を喜ばせることが上手です。

たとえば、彼の体調や心の変化を感じとり、そのときどきで相手が望むことをしてあげます。

とくに疲れているときなど、口に出さなくても、自分が望むことをわかってくれ、それを与えてくれる人には、誰もが側にいて欲しいと思うでしょう。いっしょにいると疲れを忘れ、ほっとして気持ちがなごみ、いい気分にさせられる――。そんな女性に、男性の多くは心をギュッとつかまれます。

つまり、人を喜ばせるために肝心なのは、何をしてあげるかという行動そのものよりも、相手が「心を動かされるかどうか」です。心が動いて感動すると心からの感謝が生まれ、愛情運が大きく育ちます。愛されたいと望むなら、まず相手に喜びという愛を与えることです。「感じる力」を高め、相手がどんなときに喜ぶかをキャッチしてください。

恋愛運を磨く戦略 02

相手が「うれしい」「楽しい」「心地いい」と感じることを察してさりげなくしてあげましょう。彼の心をつかむ最大の秘訣です。

出会いを待つより自分が動く

恋愛はまず、相手と出会わないことには始まりません。

人との出会いは偶然に思えても、実際にはこれまでの自分の行動や思考、人脈などからつながっています。

これまで愛せる人に出会えなかったなら、自分を取り巻く環境を変えてください。新しい人、場所、物に触れ、環境が変わると出会い運も変わります。

ただし、闇雲に動いても、未来の幸運に行きつくかはわかりません。

未来に進むときに肝心なのは「自分が行きたい方向性」（↓32ページ）です。

自分の幸せのキーワード（↓35ページ）から、自分が「出会いたい人」の基準を作りましょう。性格だけでなく、職業や趣味の分野、リッチな人と出会いたいなら年収など、わかりやすい基準を作ってください。

あとは「出会いたい人たちが集まる場所」をリサーチして行動です。店をはじめ、人の集まりや趣味のサークルなど、目星をつけた場所にどんどん足を運びましょう。「運」は自分が動くことで変わり始めます。そこで得た情報、知り合う人との縁が、出会いのチャンスを広げるのです。

また、出会いたい人たちのレベルに合うよう、自分を磨く努力も不可欠でしょう。美しい花には、放っておいても蝶やミツバチが集まってきます。自分自身に花を咲かせることが、出会い運を育てるということを忘れないでください。

恋愛運を磨く戦略 03

じっと待っていても運は動きません。

出会いたい人たちがいる場所へ向かい、自分からチャンスを作りましょう！

私を幸せにしてくれる人と会うために出会い運をマネージメントしましょう

恋愛は出会いから始まります。
自分の幸せと方向性が合う男性像を明確にして、
そうした人の集まる場所へ自分から出向きましょう。
出会い運をマネージメントすることで、
着実に幸運を招く縁が近づいてきます。

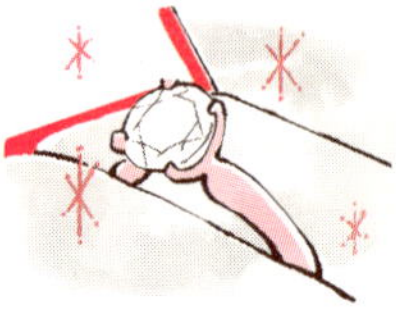

01 私の幸せのキーワード

＊35ページであげた言葉を書き入れましょう。

01

02

03

04

05

02 キーワードを満たす男性像は？

職業のイメージ

趣味のイメージ

年収の基準

持ち物のイメージ

03 その男性が行きそうな場所をリサーチ

＊理想の男性像のイメージから、読みそうな雑誌（専門誌）やインターネットの検索などで具体的な場所をピックアップ。実際に足を運んでみましょう。

店やスポット

仕事関連

＊会合、セミナー、パーティーなど。

趣味

＊サークル、イベント、活動場所など。

04 その男性と縁がありそうな知り合い

＊ライフスタイルや趣味が近い知り合い、またはそういう知人がいそうな人でもOK。積極的に会って人脈を作りましょう。

05 出会いに向けて準備すべきこと

＊理想の男性像とつり合う女性になるために必要なこと（知識や経験、趣味、外見など）を書き出して、自分を磨く努力をしましょう。

失恋をしたときは幸せの「氣」をもらう

運のよくない人は、不運のときに、もっとツキを失う行動をしてしまいます。

たとえば、失恋をしたとき。

部屋に引きこもって孤独に浸り、外に出たら、暗い陰気な店でひとりお酒を飲み、そこで悪い男性と出会ったり……。

悪い「氣」をさらにため込んで、自分から運をドン底へと落とすのです。

落ち込んだときこそ「いい運の素材」を探しに行かなくてはいけません。

キラキラ華やかでリッチな人たちが集まる場所、おしゃれでスタイリッシュな人たちが集まる場所へ出かけましょう。

落ち込んでいるときは「気の向かない」場所かもしれません。

でも、運のいい人が集まる場所には、明るい輝きの「氣」があふれています。

いい氣をたくさんもらって、悪い氣を追い出すこと。

人との出会いなど、いい運の素材が見つかるはずです。


不運なときにドン底まで落ち込むと、簡単に這い上がれなくなります。

運のいい人にも不運なときは訪れますが、あまり落ち込まず、不運から多くのことを学んで、しっかり次のチャンスに備えます。

不運なときの過ごし方こそ、その後の運を決める鍵なのです。

恋愛運を磨く戦略 04

落ち込んだときこそ、キラキラと「氣」が輝く場所へ出かけましょう。

「氣」を入れ替えると、立ち直りも早くなります。

自立した女性が幸運をつかむ

「結婚こそ女性の幸せ」。

これはそもそも男性が作った価値観です。

女性が男性に養われて生きるしかなかった、はるか昔の固定観念。それが、今の時代に生きる女性自身でさえ、そう思い込んでいる人が多いようです。

女性が幸運をつかむ可能性をせばめる、呪縛の言葉といえるでしょう。

いい人と出会って結婚しても、そこで人生は終わりません。

結婚できれば幸せになる——そう信じている女性は、夫に依存し、自分の力で幸運をつかむことをあきらめてしまいます。

夫の運命＝自分の運命。夫の仕事や収入によって運が上がったり下がったりし、不幸にも離婚したときは、人生もふり出しに戻ってしまいます。

とくに社会や経済の情勢が不安定な今の時代、どんなに頼りになる男性と結婚しても、数年先はどうなっているかはわかりません。女性が不運の波にのまれず、しっかり幸運をつかむには、結婚しても夫に依存せずに、経済的にも精神的にも自立していることがますます重要になってくるでしょう。

自分の足で立って歩いて行ける女性だからこそ、夫を支えることもできるのです。結婚で運がつきないよう、運を磨き続けるための聡明さとたくましさを身につけてください。

恋愛運を磨く戦略 05

結婚だけが女性の幸せではありません。
より多くの幸せを追求できるのは自立した女性です。

過去の恋愛のマイナスは感謝でプラスに変わる

過去に恋愛でつらい思いをした人は、「愛」に対して恐れや不信感を抱いているかもしれません。そうした感情は心を弱くして、恋愛運を停滞させます。未来の恋愛の障壁になり、再び落ち込んだときに立ち上がる勇気を失わせます。

恋愛のネガティブな感情の記憶は「感謝」を使って書き換えてください。

浮気、二股、不倫など、自分が傷つけられたひどい別れだったとしても、相手に感謝すること。「別れてくれてありがとう」です。

浮気をされて、二股をかけられて、挙句に別れてもらえなかったら?

どんなに好きな相手だとしても、その後つき合っている間ずっと、あなたは嫉妬や猜疑心《さいぎしん》、怒りなどに苦しめられ、もんもんと過ごすことになるでしょう。自分を不幸にする人にしがみついていても、運は開けません。別れられたことが開運だったともいえます。

別れてもらえてよかったと感謝すると、気持ちがふっきれ、過去のつらい恋愛の記憶が、未来へのステップになります。

恋愛の終わりには感謝です。すると別れるたび、運がふり出しに戻ることもありません。また、そこから始まるので、次はさらにいい恋愛が待っています。

恋愛運を磨く戦略 06

恋愛の別れには感謝をしましょう。「別れてくれてありがとう」は、未来の幸運の扉を開くパスワードです。

出会い運を高めるには敵を作らないこと

男性と知り合い、相手は熱心にアプローチをしてきても、自分にはまったくその気がない……。よく知らない相手ほど、早い段階できっぱりと断ってしまうという女性も少なくないのでは。

出会った人を第一印象などで決めつけ、相手を知ろうとしないなら、育つ運も育ちません。そもそも、出会い運は人とのつながりによって育つのです。友達の友達の友達……。どこから出会いがやってくるかはわかりません。知り合った男性が好みでないのなら、そういう人とは友達になることです。「友達になりたい」といえば、男女交際そのものは断っても、相手はおそらく悪い印象を持たないでしょう。

相手をよく知ると、彼からつながる人の縁から、思いがけない出会いが生まれるかもしれません。

恋愛でも仕事でも、出会い運を高める秘訣は「敵を作らないこと」です。人の「縁」は「運」です。**運のいい人は、敵を作らずに、縁を作ります。**縁がつながるほど、出会いのチャンスは確実に増えていくのです。

とくに憧れの世界の人、「自分が行きたい方向性」（↓32ページ）に合う人であれば、知り合った人とは必ず縁を作るべきでしょう。出会い運の戦略です。

恋愛運を磨く戦略 07

好みでない男性とは友達になること。自分を気に入ってくれた人は未来の幸運のサポーターになってくれるかもしれません。

デートは別れ際が運を上げる鍵

恋愛の別れに「感謝」をすることは、恋愛運をアップさせます。
これは悲しい別れに限ったことではありません。
たとえばデートの別れ際にも「感謝」の気持ちを言葉にして伝えましょう。

帰り道、別れるときに「今日は会ってくれてありがとう」。
お決まりの「じゃあね、メールするね」などと比べて、どうですか？

感謝の言葉ひとつで、相手も自分もうれしくなります。
楽しいデートだったならなおのこと「ありがとう」で心が温かくなります。

この心が温かくなった「いいイメージ」は別れた後もしばらく持続して、相手の意識にメモリーされます。

そうして、あなたのことを思うとき、心にふっといいイメージが湧いてきます。相手にまた会いたい、また会おうという気持ちを起こさせるのです。

人と別れるときの「感謝」は、次へとつながって、運を育てていきます。

恋人だけでなく、家族や友人、同僚など、人と会った別れ際に、心を込めて感謝の言葉を添えてください。別れ際のイメージは心に刻まれるのです。

恋愛運を磨く戦略 08

デートの別れ際には「今日は会ってくれてありがとう」。
彼を再びあなたに会いたい気持ちにさせる魔法の言葉です。

結婚のタイミングを逃さない秘訣

運の流れを読むには「変化を感じる力」が必要です。
恋愛でいえば、結婚のタイミングを読むときに必要でしょう。

たとえば、結婚するつもりだけど、具体的には決まっていないカップル。この場合、結婚にいいタイミングというより「彼の気が変わってしまう時期」を読むことが肝心になります。

彼の心の変化をキャッチすることも大切ですが、気が変わってしまってからでは時すでに遅し。彼を取り巻く「環境の変化」に注目してみてください。
人の気持ちは環境が変わると、大きく変わります。

たとえば、相手が転職や異動をしたとき。不慣れな仕事で手いっぱい。新しく出会った人に関心が向き、恋人から心が離れやすくなります。

転職を考えている、そろそろ異動がある……。彼がそんな話をしていたら、ここがタイミングです。実際にそうなる前に、一気に結納や結婚式の日取りなど、具体的な話を進展させましょう。

変化に気づいたら即行動することが、タイミングを逃さない秘訣です。

もちろん恋愛や結婚のタイミングを読むには、恋人との密なコミュニケーションも必須。変化を感じたら先手を打ち、彼の心を常につかんでおきましょう。

恋愛運を磨く戦略 09

彼だけでなく彼の周囲にも関心を。変化に敏感になって常に先手を打って、未来の幸運をマネージメントしましょう。

結婚相手は経歴よりも未来の可能性で選ぶ

未来の幸運をつかむには「人を見る目」も養うべきです。
男性を見る目があるかどうかは、結婚運にはことさら重要でしょう。

結婚相手の判断基準として、経歴にこだわる女性はいまだに多いようです。以前は一流大学を出て、一流企業に勤めている男性なら、未来の幸せはある程度「確実」でした。ところが今は、どんな大企業だって倒産する時代です。数年先の未来さえ確実ではない今、結婚相手の判断基準を学歴や会社の規模にしても意味がありません。

それを希望の指標にすると、むしろ失望に向かうといえるでしょう。
希望を見つけるには、**その男性の「未来の可能性」に目を向けること**です。

自分がやりたいと思うこと、夢中になれることを仕事にしているかどうか。
そういう男性は、信念があって仕事熱心。将来、お金を稼ぎ出す人です。

そして、不確実な今の時代には、固定観念に縛られずフレキシブルな生き方ができるかも重要です。社会がどう変わろうと、たとえ一文無しになっても、しっかりと自分を立て直せる自信を備えた男性を選ぶことをおすすめします。

学歴や会社の規模は「過去」の情報でしかありません。
現在のその人自身をしっかり見すえて、「未来の可能性」を見極めてください。

恋愛運を磨く戦略 10

結婚相手を経歴で選ぶと、ときに運の落とし穴にはまります。
その人自身の輝きと未来の可能性を最優先に選びましょう。

彼の背景を見て将来性を見極める

今の時代、結婚相手を決める一番の判断材料は「未来の可能性」と話しました（→74ページ）が、未来を予見して、結婚を決めるのは勇気がいると思うかもしれません。

そういうときは本人より、その人の「背景」に注目してみてください。

背景とはその人を取り巻く環境ですが、見るべきポイントは人間関係です。

成功する男性には必ず、若いうちから将来の後援者になりうる人脈があるのです。後援者とは、その人のビジネスをバックアップしたり、顧客となってくれたり、あるいはブレーンとなって助けてくれる人です。

本人が未来で成功するかが今ひとつ見えなくても、どんな人たちとつき合っているかを見れば、おのずと将来が見えてきます。

極端な話、本人に仕事ができなかったとしても、仕事ができる友人やお金持ちを大勢知っている人は、ビジネスのあてがたくさんあるので、結果的に仕事ができる人になるわけです。

「運」＝「縁」ですが、縁を線で結んだのが「脈」。**広い人脈を持つ人は、間違いなく運がいい**といえます。それが後援者となりうる人脈なら最強です。

人間関係だけでなく、家や持ち物、趣味など、その人の周囲にこそ、本人よりも本人を語るヒントがたくさんあります。しっかり「背景」を見てください。

恋愛運を磨く戦略 11

男性の将来性を見るには、背景にいる友人関係などの人脈に注目。友人知人にデキる人が多ければ、本人も将来性アリです。

直感でピンときた人は親しくなるべき人

人の第一印象は、ほとんどの要素がルックスからのものです。ルックスの好みだけで人を判断していると、自分を本当に幸せにしてくれる男性と出会っても、おそらく気づくことができません。

大事にすべきは「インスピレーション」からピンときた人です。インスピレーションは、ひらめきともいわれ、目に見えないものを感じること。無意識の本能が反応した、運を知らせるサイン（予兆）ともいえます。

いい人そうとか、お金持ちそうとか、なんとなく感じることは、外見から察知しているのですが、インスピレーションはさらに外見を通り越して察知した霊感的なものです。

本来は好みでないのに波長が合う、なぜか気になる、心ひかれる……。

インスピレーションは、外側の容姿だけでなく、その人から出ている氣とか人間性とか、目に見えない内側のものを同時に感じ取ります。

根拠はないのにある種の確信があり、ずっと「この人だ」と感じるのです。

インスピレーションでピンときた人なら、誘われるのを待たずに、自分からアプローチして親しくなるべきです。ルックスは絶対無理、という人ならなおさら、本能が選んだ自分を幸せにしてくれる可能性のある人ということです。

恋愛運を磨く戦略 12

インスピレーションを感じた人には、自分から行動してまずは親しくなるべき。ずっと求めていた人かもしれません。

いい「氣」をくれる男性を選ぶ

氣は目に見えませんが、プラスの意味の「気」のつく言葉がたくさんあてはまる人は、そもそもいい氣が流れている人といえます。

「気づく」「気づかう」「気がきく」「気配り」……。

なかでも「気づく力」が高い男性は、女性を幸せにしてくれる可能性が高い人です。運の流れの変化に気づき、チャンスに気づくので、先を読む力があって将来性も高い。幸運の素質を持っている人です。

「気づく力」が高い男性は、よく男性が鈍いといわれる、女性のヘアスタイルの変化などに、ちゃんと気づいてくれる人です。

女性の体調の変化にも気づいて、食事の店を変えたり、大丈夫かと気にかけてくれます。気持ちの変化を感じ取るので、思いやりがあって、女性をいい気分にさせることができます。「気づき」（→42ページ）も多いため、意識が高く、人間性も豊かでしょう。

いい「気」のつく言葉に注目して、恋人に限らず、友人でも、仕事仲間でも、たくさんあてはまる人を見つけてください。

いい「氣」をもらって、あなた自身もいい「気」のつく言葉をたくさん身につけて、運を育てましょう。

恋愛運を磨く戦略 13

外見などにとらわれず「気づく力」が高い男性とは親しくなるべきです。幸運の素質があり、女性を幸せにしてくれる有望株です。

ふたりの欲しいものをひとつにする

男性の心をつかむ恋愛運の戦略として「欲しいもの」をいっしょにするというテクニックがあります。

つまり「手に入れたいもの」「獲得したいもの」を一致させるのです。

簡単に手に入るものやお金で買えるものより、少し時間をかけて、コツコツ積み重ねることで得られる、達成感のあるものがより効果的です。

時間をかけて何かをいっしょに作ったり、ライセンスや検定試験などに臨むのもいいでしょう。スポーツで目標を作って練習を積むのもいいし、野球やサッカーなどのチームを応援して優勝を目標にしても。

手に入れたい、獲得したいものがひとつになると、自然と共同作業になります。いっしょにコツコツ頑張る気持ちが、ふたりの心の結びつきを強くします。**同時に盛りあがって感動できる喜び**は、愛をぐんと深めてくれるのです。

感動や喜びは「感じる力」を高め、互いの運を育てることにもなります。何度も目標がくり返されれば、恋愛運は間違いなく上昇していくでしょう。

もし、欲しいものがまったく違う、気持ちがひとつにならない、という場合は「気が合わない」といえるでしょう。相性を知るテストとしてもおすすめです。

恋愛運を磨く戦略 14

心の距離を感じる彼とは、ふたりで「獲得したい目標」を作って。ともに感動することで親近感が増し、愛を育てる運がアップします。

タイプの男性はモーニングやランチに誘う

ちょっといいなと思う男性に知り合ったら、思いきって自分からモーニングやランチに誘ってみましょう。

時間帯が健全だと下心を感じさせません。相手も時間さえ合えば気軽に応じてくれるでしょう。

とくにモーニングは、そんな誘い方をする人はめったにいませんから、男性をドキッとさせます。意外性は心を刺激するので、相手の興味をひきます。

また、1日のスタートの食事をいっしょにとると、今日も頑張ろうという気が起きて、**気持ちがひとつになりやすい**のです。

さらに朝早く起きられることは、仕事で成功する男性の条件です。朝から人のために時間をあけてくれる、心のゆとりもあるのでかなり高得点です。

いっぽうランチは、平日であれば仕事の合間なので、仕事の情報交換などで盛り上がりやすくなります。仕事関係の男性には最適です。

いずれもお店はしっかり厳選して、居心地がよく、きれいでセンスのいい、「氣」が活性される店がいいでしょう。

体の「氣」は疲れるとダウンします。1日の終わりに比べて、お互いの氣が活発な朝や昼のデートは、気をひきたい相手の心をつかみやすいのです。

運の流れ=氣の流れです。モーニングやランチで恋愛運を招いてください。

恋愛運を磨く戦略 15

気になる男性がいたらモーニングやランチに誘ってみましょう。

彼の将来性から仕事ぶりまで、断然夜のデートより収穫があります。

香りのいい女性になる

香りのいい女性は、恋愛のアピール力が高いといえます。


男性はふわっといい香りのする女性に心を奪われます。

なぜなら、香りは嗅覚からダイレクトに「感じる脳」を刺激するため。頭で考えずに「心」を動かされるのです。

香りひとつとあなどれません。いい香りがするだけで、無意識に「心地いい女性」というイメージが相手の脳に記憶されます。一気に好感度が上がるのです。


じつは、そもそも運のいい女性は、なぜかいい香りがします。

香りは自分の感じる脳も刺激します。

運の流れを読むには「感じる力」が重要ですから、いい香りを身にまとう習慣は、恋愛をはじめ、あらゆる運を高めるベースになるのです。

どんな香りを選ぶかは、男性の好みなどよりも、自分が一番「心地いい」と感じる香りを選ぶほうがいいでしょう。

ただし、あまりエキセントリックな香りはおすすめしません。運のいい女性は自然と、**その人らしく、しかも誰にでも好かれる香り**を上手に選び取ります。香りに敏感になって、自分に似合う香りのおしゃれを楽しんでください。着実に恋愛運をアップさせてくれるでしょう。

恋愛運を磨く戦略 16

香りのいい女性は男性の心を奪います。
運をよくする脳も刺激され、恋愛運を上げる最強アイテムです。

自分のことより隣りの女性をほめる

「人のことを楽しそうにほめる女性」
「人の悪口やうわさ話を楽しそうにする女性」

あなたは、どちらの女性に好感を受けますか？
素直にいえば、ほとんどの人が「ほめる女性」を選ぶでしょう。

たとえば合コンや人の集まりなど、自分をアピールしたい場では、他人をほめるほうが、間接的に自分を強く印象づけられます。

人をほめるというプラスの言葉のエネルギーは、ほめた相手も、それを聞いた周囲の人も気分がよく、話している自分もうれしくなります。

いい氣をあげて、いい氣をもらい、いわゆる「場の空気」もよくなります。

温かなムードとほめ言葉のプラスのイメージは、それを聞いた人の無意識の脳に記憶され、ほめたあなたへの好感が強く心に残るのです。


もちろん、心にもないお世辞では、人の心にも届きません。

人をほめるには、いつも周囲の人をよく見て、外見だけではわからないその人の長所や美点を「感じる力」を鋭くすることです。

運のいい人は、他人のいいところによく気がつくため、無意識に他人のことをよくほめます。そうして敵を作らず、いい縁＝いい運を育てていくのです。

恋愛運を磨く戦略 17

合コンや人の集まりでは、隣りの友人をほめましょう。

間接的に自分をアピールでき、人との縁が着実に増えます。

Chapter

3

お金に愛される女性の金運の磨き方

～金運を磨く13の戦略～

「13」の数のパワー……信用や実力を蓄える。ステイタスを上げる。

お金が好きな人はお金にも愛される

金運を引き寄せる人は、いい換えれば「お金に愛される人」です。

「お金が好き」「お金が欲しい」「お金持ちになりたい」

大きな声でそういえることは、お金に好かれる一番の条件。

お金を欲しがることを「下品」とか「浅ましい」と心のどこかで思う人は、お金を敵に回したのも同じでしょう。お金のほうにも嫌われてしまいます。

よく「お金に汚ない」などといいますが、それは使う人の問題であって、お金そのものが汚なかったり、悪いわけではありません。「お金」＝「欲の固まり」というのは間違った思い込み。お金に愛される人はこう考えます。

お金は自分の未来や夢を実現するための道具。

そして、お金は愛する人や困っている人を幸せにすることもできる――。

金運を磨く戦略 01

お金は幸せを実現する道具。お金に対していいイメージをたくさん持つほど、お金に愛されて金運がよくなります。

お金は本来、ニュートラル（中立）な「エネルギー」であり、とらえ方や使い方次第でよくも悪くもなるのです。

また、お金は生きものといっしょで「思考」と「精神性」があります。

簡単にいえば、お金はそれを大事に、上手に使える人のところに引き寄せられ、豊かになるか、貧しくなるかは、お金を使う人の心次第なのです。

「愛があればお金はいらない」ではお金に愛されません。

「愛のためにお金がいる」と思えたら、心のお財布が大きくなります。

お金を好きになり、心のお財布を大きくすると、お金のほうからやってきます。お金に対する価値観が豊かな人ほど、お金に愛されるのです。

金運を招くには まずお金を使うこと

お金とは循環するものです。

早くお金が循環する社会が、経済が活性化された健全な社会。お金を得て、それを使い、経済が活況になることで、結果的に個人の収入も増えていくでしょう。金運も同じしくみです。

金運のいい人は、お金がたくさん入ってくるだけでなく、それを使うことで、より多くのお金を得ます。

つまり、常にお金が絶え間なく循環していて、その循環によってお金が増えていくと「金運がいい」ということ。

金運をよくするには、始めにお金の流れをよくすることが大切なのです。

ご購入ありがとうございます！

松永 修岳 著

『愛されて成功する！女の運の磨き方』

ご購入に感謝して…

無料プレゼント！

本書をご購入くださった方全員に、もれなくプレゼント！

有料（777 円）であるにもかかわらず
口コミだけで1万人が購読した話題の小冊子

松永 修岳著『GOOD LUCK！』

〜世界を幸せにする『幸運』の分かち合い〜

PDF版を無料でプレゼント!!

「運」を良くする秘訣が満載！

松永 修岳 著 小冊子『GOOD LUCK！』(PDF版)
を今すぐダウンロードしてください！

☆**ダウンロードには、パスワードの入力が必要です**☆

下記のダウンロード・パスワードを所定の欄にご入力ください。

ダウンロード・パスワード：happyluck

（すべて小文字で エイチ・エー・ピー・ピー・ワイ・エル・ユー・シー・ケー）

↓無料PDFのダウンロードはこちらから

http://www.luckmanagement.jp/happy_lady/

『幸運』は、分かち合えば分かち合うほどに増えていきます

（松永 修岳のメッセージ 小冊子『GOOD LUCK！』より）

ためる前に、まずお金を「使うこと」で金運は育っていきます。

もしも今、手元にお金があまりなくても、世の中にはお金が無尽蔵に流れています。今あるのはあなたが預かっているお金というだけで、世の中にはあなたのもとに流れてくる可能性のあるお金が、まだたくさんあるわけです。

「運」は氣の流れですから、流れが停滞すれば「運」もつきてしまいます。

お金が入ってこないときこそ「自分の価値」を高めるためにお金を使うべき。

そうして、自分の価値が上がるほど、金運はどんどん育っていきます。

金運を磨く戦略 02

金運の始まりはお金を使うことから。もちろん、むだ遣いはNG。自分の価値を高めることに使って、いいお金の循環を生み出しましょう。

お金は行き先を決めないと流れてこない

お金は使うことで入ってくると話しましたが、肝心なのは「何のために使うのか」ということ。つまり、お金の「行き先」です。

目的もなく、ただ欲しい物を買っていると、使ったお金はそのまま行方知れずになってしまいます。何に使ったのかわからないなら、それはむだ遣い。

お金は「行き先」が決まらないと、再び自分のもとへ流れてこないのです。

行き先として、まず「自分の価値を高めること」にお金を使ってください。

たとえば、自分の美しさやファッションセンスに磨きをかけることもひとつですし、料理のセンスがあるなら料理教室で腕を磨くのもいいでしょう。

それは自分自身のスキルアップ。「個性」を光らせることになります。

何の取り得もない人など、本来いません。

自分に備わった素質を磨いて、大勢の人に埋もれないよう、個性を際立たせてください。そのために使ったお金は、いい恋愛や仕事の成功など、必ず未来で何倍にもなって戻ってきます。

お金を投資するなら、今の時代、自分に投資するのが最も安全で確実です。

自分を磨くための投資は、金運を育てるのはもちろん、未来のさまざまな夢を実現させる土台作りになります。

金運を磨く戦略 03

自分自身のスキルアップにお金を最優先に使いましょう。

お金の「行き先」を決めると、むだな出費も減っていくはずです。

自分の価値を高める
お金の「行き先」を決めましょう

自分の価値は、自分では意外とわからないものです。
あらためて自分の魅力をじっくり見つめてみましょう。
その魅力を高めることを最優先にしてお金を使えば、
恋愛や仕事などであなたの「価値」が上がり
そのお金は未来で何倍にもなって戻ってきます。

01　自分が思う「私の魅力・長所」

02　人からよくいわれる「私の魅力・長所」

03 総合的な「私の魅力ベスト3」

＊前ページの 01 と 02 で共通する要素、または自分の個性としてアピールしたい要素を絞って3つにまとめましょう。

03

02

01

これが最優先にしたいお金の行き先

魅力を高めるためにやるべきこと

例：美しさに磨きをかける、料理の腕を磨く、○○の勉強をする etc.
実現のためにお金をかけたいことを書き出しましょう。

目標	目標	目標
お金をかけたいこと	**お金をかけたいこと**	**お金をかけたいこと**
□	□	□
□	□	□
□	□	□
□	□	□
□	□	□
□	□	□

お金への好奇心を強くする

「好奇心は運の流れを変えるサイン」とこの本の最初に話しましたが、お金に関する好奇心も同じです。

好奇心の強さは、運を引き寄せるだけでなく、自分の思っていることを実現する力にもなります。

たとえば、数千億円というケタ違いのお金持ちの話を聞いたとき、あなたは心を動かされますか？

「自分とは縁のない世界」「どうせ自分はなれっこない」……。

好奇心よりあきらめが強い人は、そこで終わってしまいます。

自分がお金持ちになる可能性に目を向けなければ、金運も育ちません。

「そんなにお金があるなんて、どんな人だろう」
「どうやって財を築いたのだろう」「一度会ってみたい！」

好奇心が強ければ強いほど、思いがけない出会いを引き寄せたり、お金を増やすヒントが見つかるのです。お金持ちになる期待感も生まれるでしょう。

もしも今、お金持ちになる自信がなければ、まずはお金に対する好奇心を強くしてください。金運をよくする突破口は、意外なところにあるものです。

金運を磨く戦略 04

お金に関する好奇心を強くして、気をひかれることがあれば追求を！
お金に自分から近づくスタンスが大切です。

お金はもらうものでなく自分で生むもの

金運に恵まれないという人ほど、無意識に自分のお金に枠を作っています。

「お金は人からもらうもの」「お金は使うと減っていく」

これは思い込みです。金運を悪くする自己暗示ともいえるでしょう。


いつ、どこにでも、自分はもっとお金を得るチャンスがある――。

金運に恵まれる人は、お金に枠を作らずに自由です。

たとえ会社勤めでも「お金は自分の力で生み出すもの」という価値観を持っていて、財テクに限らず、副業を持っていたり、自分への投資に潔くお金を使うのです。お金があるから、そう思えるのではありません。

お金を使うときに、減ることよりも、増えることをイメージしているのです。

金運をよくするプラスの自己暗示ともいえます。

お金に対して受け身でいては、お金を得るチャンスにも気づけません。降って湧いてくる金運だけを願う人は、現実的にお金を得る可能性も低くなります。

「お金は人からもらう」→「自分で生み出す」

「お金は使うと減る」→「上手に使えば増やせる」

発想を変えるだけで、未来のお金に対して、不安よりも希望が生まれます。

お金に不自由というのは、お金がないことではなく、自分に枠を作り、その中でしかお金を考えられないことです。

金運を磨く戦略 05

お金は減るものでなく、自分次第でいくらでも増やせます。
お金に対する思い込みを変え、お金の不安から自由になりましょう。

未来への期待がお金を引き寄せる

お金に愛される人は、「お金を使うとき」にいつもワクワクしています。

そのお金で世の中が豊かになって、やがて何倍にもなって戻ってくるはずと「お金持ちになる未来」を常に期待しているのです。

反対にお金に縁がないという人ほど、お金を使うときに、これでまたお金が減った、散財をしたと「お金がなくなる未来」に不安を抱きます。

未来を期待している人は、自分のお金を生む力を信じているのです。

自分への信頼が根底にあるため「もっとお金持ちになれるから大丈夫」と、ときに大金を使うことでより多くの富を得ます。

お金そのものより「自分への信頼」で、金運を引き寄せているのです。

また、未来への期待感が強いことは、実際に大金を引き寄せる人に共通した資質です。たとえば、賭け事や財テクなどでも、小さな勝ちを重ねるのでなく、一発の大きな勝ちを引きあてるわけです。

「食べていくのに困らない程度のお金があればいい」では、おそらくそれ以上のお金には恵まれないでしょう。

自分を磨いて自信を持って「絶対にお金持ちになる」と未来を信じることができれば、必ずお金はやってきます。

金運を磨く戦略 06

「お金持ちになりたい」ではなく「お金持ちになる」と信じること。強く信じることができるほど、お金を引き寄せる力も強くなります。

お金は輝きに引き寄せられる

「景気」という言葉があるように、お金も「氣」を持っています。

金運というのは、このお金の「氣」を運ぶエネルギーで、氣が合って、氣をひかれる人や場所に、お金は流れていくわけです。

じつは、お金が好きなのは、光っているところ。

キラキラとした「輝き」にお金の氣は引き寄せられます。

たとえば、盛況で活気に満ちた会社やお店、リッチな人が集まる場所などは、華やかな輝きを放っています。上流のセレブリティほど、オーラのような輝きをまとっていると感じるでしょう。景気のいいときは、人も世の中も明るくキラキラと輝きます。

暗くよどんだ陰気なところに、お金が集まってくることはまずありません。

お金に好かれるために、何より、自分をキラキラと輝かせてください。

美しい容姿やステイタスというより、大事なのはお金を使う人の心でしょう。外見が華やかでも、内面の心や感性、人間性がくすんでいる人は輝きません。

むしろ、内面を磨くほど、結果的に外見の輝きも増していきます。

強く輝く人に、お金は放っておいても引き寄せられてきます。

金運を磨く戦略 07

金脈を探りあてるより、自分自身を磨きキラキラと輝かせましょう。

お金の「氣」を引き寄せる近道です。

お金に愛される人の行動を体感する

お金持ちになる未来を思い描けないとき、手っ取り早い方法があります。
それは「お金持ちになった自分」を無意識の脳にインストールすること。
そのためには、現実にリッチな知り合いを増やし、そうした人が集まる場所に行って、そこに流れる空気や物に触れて体感することです。

頭で預金残高やキャッシュを思い描くのではなく、現実の「行動」で五感を通して脳に記憶させると、無意識にしっかりインストールされます。

たとえば、セレブ御用達の雑誌を見て、ブランドのブティックに出掛けて見て歩くだけでもいいのです。上質な物に触れ、そこに流れる氣を感じ取ってください。あるいは一流ホテルで一杯1500円のコーヒーを飲むだけでも、街のカフェスタンドでは味わえない優雅な心地を体感できます。そこでゆっくりと時間を過ごすと、高いコーヒー代の見えない価値にも気づくでしょう。

くり返し、お金持ちが行動する感覚を無意識の脳にインストールすると、ぼんやりとした期待が「自分はお金持ちになる」という確信に変わってきます。

そのとき、運の「スイッチ」が入るのです。

なぜかリッチな人との出会いが多くなったり、偶然のような機会が増えます。

運とはそうして、自分の無意識が引き寄せるものなのです。

金運を磨く戦略 08

「お金持ち」の行動を五感から脳に刷り込みましょう。無意識にそれを実現させるための運を引き寄せます。

お金に愛される人は「人」が好き

「縁」＝「運」です。お金に縁のある人は、人との縁も大事にしています。
お金のためにではなく、「人」そのものが好きといえるでしょう。

人と会うことをめんどうがらず、人と会うことを楽しみにしていて、忙しくてもそのために時間を作ります。

そして、人がまた人を引き合わせ、金運をつかむ人はだんだんとつき合う人たちがグレードアップしていくという特長があるのです。

最初にお金のためという下心があれば、むしろ縁は遠くなるでしょう。

その人自身に興味をひかれ、刺激を受けたり与えたり、情報交換をしながら楽しい時間を過ごす——金運をつかむ人は、そうした時間に価値を見出して、お財布の大きさに関係なく、気前よく人にごちそうもします。

自分が喜び、人に喜ばれ、そこに感謝や感激が生まれると、相手はその人のために何かしたいと思うものです。

いい縁を深めるために使ったお金は、いずれ何倍にもなって戻ってきます。


お金に好かれるには、まず「人」を好きになることです。

人嫌いでは、やってくるはずの金運のチャンスも逃げてしまいます。

いい人の縁がいい人脈となると、お金のいい循環が生まれます。

金運を磨く戦略 09

興味をひかれる人、心が動く人とは積極的に会いましょう。

そこで使ったお金は、未来で何倍にもなって戻ってくるはずです。

いい心配は金運アップの秘訣

不動産や株などの投資、起業、あるいは宝くじなどもそうですが、未来の利益のためにお金を使うとき、リスクを考えると心配になります。

このとき、お金に愛される人は「いい心配」をします。
お金に愛されない人は「悪い心配」をします。

「もうかるかな?」「もうからないかも……」
「うまくいくかな?」「失敗したらどうしよう……」

どちらも同じことを心配しているのです。ただ、心配の方向がプラスかマイナスかというだけ。どちらがツキを呼びそうに思えますか？

いつも「いい心配」をしている人は、運に敏感になり、直感が働いて成功しやすくなります。反対に「悪い心配」ばかりしている人は、運を感じにくくなり、判断を誤りやすくなります。

未来の予想に確実はありませんから、「運」に鼻がきくか、きかないかは重要。ついつい「悪い心配」をしがちなら、意識的に「いい心配」をするクセをつけて。不安はそれに勝る期待で打ち消す。そうやって運を鍛えていくのです。

金運を磨く戦略 10

同じ心配をするなら、マイナスよりプラスの心配をするほうが得。運を感じる力が高まり、投資やお金の勝負事にも強くなります。

「環境」は時代の金運のキーワード

その時代ごとに、ビジネスで成功してお金持ちがたくさん生まれた、経済のキーワードがあります。

バブル時代は「不動産」、その後は「ＩＴ」、最近までは「金融」でした。

今の時代は「環境」です。今後10年は、環境ビジネスで成功してお金持ちになる人がどんどん増えていきます。

起業を考えている女性に限らず、金運をよくするアプローチとして「環境」への関心を強くして、好奇心を働かせましょう。

食べものや化粧品など、まず身の周りのことから、ナチュラルなライフスタイルを実践するといいでしょう。エコロジーやCO_2削減など「環境」の知識をより深めることも大切です。

それは仕事で思いがけないチャンスに恵まれたり、あるいは環境ビジネスに関わる将来有望な男性と出会うきっかけになるかもしれません。

金運はお金の氣の流れ。金運をよくしたいなら、経済に弱いという女性も、**世の中の大きなお金の流れ**に関心を持つべきです。時代の金運の波に乗り遅れないよう、常にアンテナを張っておきましょう。

金運を磨く戦略 11

「環境」のトピックに敏感になりましょう。時代の金運を読むことは、チャンスの可能性を広げます。

お金に愛される財布を選ぶ

人と同様に、お金に愛される財布というのがあります。

「ここに入りたい」「居心地がいい」「ずっと留まっていたい」……。

そんな具合にお金にとって気持ちのいい、つまりお金と「氣」が合う財布というわけです。

お金も自分も気に入る財布を手に入れて、お金との縁を深めてください。

あなた自身、使っていてもワクワクするでしょう。

そうした期待感も、お金を引きつけるエネルギーになるのです。

お金が入りたい財布のポイントは3つ。

①お札が曲がらない長財布
②お札と小銭の財布は別にする
③光沢のある材質

まず、お札はピンとまっすぐにしまえる長財布に入れます。

二つ折りの財布では、お札も折れ曲がってしまい氣が下がります。

なるべくシワのない、できれば他人の手に触れていない新札を長財布に入れてください。見るからにお札からいい氣が出ているでしょう。


そして、お札と小銭は「お金のランク」が違います。扱いをきちんと分けて、小銭は長財布とは別の小銭入れにしまいましょう。

東洋の五行《ごぎょう》理論でいうと、小銭は金属で「金」の氣、お札は紙で「木」の氣です。互いに「相克《そうこく》」といって相性がよくありません。ひとつの財布の中で氣がぶつかると、金属は紙より強いですから、お札が負けてしまい、財布から早く出ていってしまいます。

クロコのエナメルなど「光沢」のある材質も大切です。女性ならラメやパールの加工がされた、キラキラの財布もいいでしょう。

お金は光っているところに集まります。

光沢のある高級感が漂う財布は、お金を早く引っ張ってくる力があります。

また、色もそれぞれ異なる「氣」をもたらし、財布に向く色があります。よく金運には「黄色」といいますが、私はおすすめしません。リッチを目指す財布に「黄色」は軽薄なイメージ。「ゴールド」のほうがレベルは高いのです。

財布におすすめの色と、それぞれがもたらす「氣」を紹介しましょう。

◆ゴールド……より高いレベルを求める人に。上昇のパワーをもたらす。
◆シルバー……自分の価値を高めたい人に。スキルアップの力をもたらす。
◆ブラック……強い自信や勇気をくれる。お金持ちの財布に圧倒的に多い色。
◆パープル……権威の色。自分を高く見せる。ステイタス性をもたらす。
◆ホワイト……カリスマ性を高める。心機一転したいときにも。

財布はお金のステージ（舞台）です。お金を輝かせて力を発揮してもらうには、よりいいステージを用意してあげること。

そうして、財布とともにお金を大事に扱うのが、金運をよくする大前提です。

金運を磨く戦略 12

お札は光沢のある上質な長財布、小銭は別の小銭入れに。
目的に合う色を選んで、お金に最高の舞台を用意してあげましょう。

お金をもっと意識する

お金持ちの人は、財布をとても大切にしています。金庫と同じ扱いです。
お札がいっぱい入っているせい?
それもあるでしょうが、お金を普段から意識しているということです。

普段、買い物をしてお金を支払うとき、何か意識をしていますか?
金額は気にしても、お金そのものを意識する人は多くないようです。
あるいは「また減っていく」と思いながら、お金を出す人もいるでしょう。

お金だって人を選びます。
きちんと意識を向けて、喜びや感謝といったプラスの気持ちとともに出し入れしてくれる人のところに行きたい……。お金にも「思考」があるのです。

そこで、お金に好かれるテクニックをひとつ。高級感のあるお気に入りの財布を3種類くらい用意して、ときどき交換してお金を入れ替えます。そのうちひとつは新品だといいですね。新しい財布はしばらくの間、もっとお札を入れたいとか、大事に使いたいとか、お金に対する関心が高まるでしょう。

財布を変えると、普段よりずっとお金に意識が向きます。

意識をしたら、そのお金を出し入れするときに「ありがとう」と語りかけてみてください。お金は喜んで送り出すと、喜んで帰ってきてくれるものです。

金運を磨く戦略 13

色やデザインの違う財布を3種類ほど持って、ときどき交換します。
お金に意識を向けて感謝をして、いい関係を築きましょう。

Chapter

4

成功する女性の仕事運の磨き方

〜仕事運を磨く11の戦略〜

「11」の数のパワー……物事を成長・発展させる。

インスピレーションと行動力が成功の鍵

仕事運のいい女性に共通するのは、第一に「行動力」です。

以前、私がコンサルタントをしていた投資顧問会社の女性社長もそのひとり。アメリカの経済紙『フォーブス』で「世界のファンドマネージャートップ20」に選ばれたこともある国際的に活躍されている女性です。

この方の成功のツボこそ、まさしく「行動力」。何より自分のインスピレーション（→78ページ）に従って、ひらめいたことを抜群の早さで行動に移すのです。これが仕事運をどんどん引きつけた鍵です。

もちろん、それは知識や経験、情報ネットワークなどがあってこそ。パンと瞬間的に自分の中で確実性を判断し、「これだ！」と思ったアイデアはすぐ人に話し、わからないことは調べて、時間をおかずに取りかかる。失敗してもすぐに次の手を打ち、行動の早さで運を味方につけたのです。

以前は、仕事にはまず「モチベーション」が大切とよくいわれてましたが、「やる気が大事」「もっとがんばれ」というモチベーション型の思考では、これからの時代は生き抜けません。

やる気よりも、固定観念にとらわれない柔軟性が求められる時代。

仕事運のアップに必須なのは、ひらめきのインスピレーションと行動力です。

感性を磨いて直感力を高め、思いついたらどんどん行動に移すことです。

仕事運を磨く戦略 01

直感で「これだ！」と思ったことは、後回しにしないですぐ行動に移すこと。そのくり返しが、仕事運をどんどん引き寄せます。

デスクの片づけを習慣にする

すぐ行動したくても、やることが多すぎて、いつも目の前の仕事に忙殺されて身動きがとれない……。会社の都合があるという人も、いるかもしれません。

運のチャンスがめぐってきても「行動」に移せなければ何も始まりません。オーバーワークを嘆く前に、まず仕事の効率を上げること。やるべきことに優先順位をつけて、段取りよくこなす力を高めましょう。

優先順位を決めたり、段取りを組むのは、脳の前頭葉の仕事です。
前頭葉は別名「片づけの脳」。
いつも目の前のことで手いっぱいという人は、後でやろう、そのうちやろうと、片づけも後回しにしがちではないでしょうか。

片づけひとつが、仕事運のプラスのスパイラルを生みます。

一度、デスクまわりを徹底的にスッキリと片づけてみてください。その後はひとつの仕事が終わったら、そのつど片づける習慣をつけましょう。

最初はめんどうでもくり返すうちに、前頭葉が鍛えられてきます。

仕事の始めに優先順位を決めて段取りを組めば、オーバーワークも少しは解消されるはず。仕事がしやすいデスクで、いつも肝心なことを最優先にこなせば、成果も早く出ます。

仕事運を磨く戦略 02

デスクを片づける習慣をつけて、仕事運をよくする準備を。
前頭葉が活性され、段取りよく仕事がこなせるようになります。

自分を語る力をつける

仕事運をよくするには、自分の夢ややりたい仕事をしっかりと人に語れることが大切です。

自分がやりたいことは何か。その目的や理由、実現のためにどんな勉強や経験をしてきたのか……。

心の中でいくら思っても、言葉にしなければ人には伝わりません。

夢や生き方を語ることは、人の心を動かします。

仕事で成功する人は、そうして共感してくれる協力者を得て、人脈や仕事の幅を広げて仕事運のレベルを上げていくのです。

最近はメールのコミュニケーションばかりで、人と面と向かって話すことが苦手という人も多いようです。

会話に自信がない人こそ、まず、自分を語れるようになること。へたな世間話やお世辞よりも、自分のやりたいことをしっかりと語れるほうが、相手も関心を寄せてくれます。相手の「氣」を引きつけるのです。

自分を語るためには、まず、自分をよく知ることです。

やりたいことがわからないという人は、なおさら、自分と向き合う時間を作るべきでしょう。自分がどういう人間か、何が欲しいのか、言葉にすることで明確になってくるはず。頭が整理されると運の「氣」の流れも変わります。

仕事運を磨く戦略 03

自分のやりたいことを明確にして、言葉で語る力をつけましょう。多くの人に語ることで協力者を得たり、実現も早まります。

仕事運を磨く　戦略ワークシート

「自分を語る力」の原点
仕事の目標を明確にしましょう

自分のやりたいことをはっきりと人に語れるほど
仕事運を引き寄せます。
あらためて自分と向き合って、
実現したい仕事の目標を書き出してみましょう。
言葉にすることで実現も早まります。

実現のプランを立てましょう

私のやりたい仕事は

＊職種や仕事の内容、成功の目標など。

やりたい理由

＊なぜ自分はそれを
やりたいのか。

仕事の目的

＊具体的に何のために
やりたいのか。

いつまでに実現したいか

目標は

（　　）年（　　）月まで

実現するために今の自分に足りないこと・改善したいこと

実現のための人脈リスト

＊現在あまりいなければ、どんな人と知り合いたいか、知り合うための行動計画を書きましょう。

後援・協力してくれる人

スキルを学べる人

相談できる人

必要な知識・本

優先順位

①

②

③

必要な経験

優先順位

①

②

③

必要な資格・セミナーなど

優先順位

①

②

③

まず仕事相手に関心を持つ

仕事の相手に「関心」を持つことは、それだけで目に見えて仕事運をアップさせます。

とくに営業の仕事には不可欠。たとえば、セールス先の男性が、既婚者なのに複数の愛人がいるなど、女性関係の悪い噂が絶えない人だとしましょう。

Aさんは「女性の敵」「どうせロクな人ではない」とつい嫌悪感を持ってセールスをしてしまい、相手も気分が悪く、話がまとまりません。

Bさんは「なぜ、そんなにモテるんだろう?」「どこが魅力なのか」と率直に思い、嫌悪感がないため相手も友好的。営業もうまくいきました。

仕事運のない人は、「先入観」で判断して相手を知ろうとしません。

仕事が成功する人は、まず「好奇心」を強く持つことで、無意識に相手をよく知ろうとするのです。

どちらが無理なく好成績を上げられるかは明らかでしょう。


仕事運を高める秘訣は、**まず相手に関心を持ち、話をよく聞いて、相手が何を望んでいるのか「感じること」です。**

相手が望むものを提供すれば、それだけ成功する確率も高くなります。

相手を知ろうとしないことは、仕事の可能性をつぶすようなものです。

まずは相手に関心を持つ。成功か失敗かは、心の向け方ひとつです。

仕事運を磨く戦略 04

どんな相手にも関心を持ち、何を望んでいるかを感じとりましょう。

仕事運はもちろん、営業成績も着実に上がります。

仕事運のいい人はいつも質問をする

会議やセミナーなどで「質問はありませんか？」と聞かれたとき、真っ先に手を上げて質問する人は、間違いなく仕事運のいい人です。

質問というのは、自分がわからない点を明確にするための行動です。

話をわかろうとするから、質問が出てくるのです。

質問がまるでないということは、話の内容をわかったつもりになっているか、あるいは、理解しようとしていないともいえます。

仕事では、どんどん質問をするよう心がけましょう。

質問をする習慣は、脳を活性します。わからないことをその場でクリアにすると、頭の中の「氣」の流れもよくなり、行動も早くなります。
そして、自然と話の要点をつかむ力がついて、理解力が加速していきます。
これが仕事運をぐんぐんよくするのです。

理解が早いことは、運のいい人の共通点です。くどくど説明しなくてもピンとくる。つまり、インスピレーションタイプで、相手の望むこともすぐ察知できる、仕事が成功しやすい人です。

質問をすることは、相手の話に関心があるということですから、相手もいい印象を持ちます。遠慮は運を逃します。積極的にどんどん質問しましょう。

仕事運を磨く戦略 05

質問をする習慣をつけることは、仕事運を鍛えるトレーニング。
会議やセミナーで最初に手を上げる人になりましょう。

欲しいものをどんどん見つける

自分が「欲しいものを見つける力」は、運を膨らませ、仕事のチャンスを増やすことにつながります。

欲しいものとは、これがあったら便利、自分にプラスになるというもの。

「あったらいい」と思うものをどんどん見つけてください。

そして欲しいという気持ちを強くして、どこにいけば手に入るのか、より理想的なものを貪欲に探していきます。

すると、運もどんどん膨らんで、チャンスを引きつけるのです。

日常生活から仕事まで、あらゆることで欲しいものを見つけていきましょう。

そのくり返しは、常にアンテナを張って、自分に必要な情報やチャンスを敏感にキャッチする力になり、偶然のような出来事を増やします。

「あったらいい」と思うものを見つける力は、企画や商品開発などのひらめきにもつながります。欲しいものを探し出すことは、意外なところから仕事のチャンスを引っ張ってくる力になります。

「こんなものが欲しいな」とふと思ったら、ささいなこともスルーしないで気づくこと。思いついたらすぐ口に出したり、手帳などにメモしたりして、欲しいと思う気持ちをより強くしましょう。

仕事運を磨く戦略 06

欲しいものをたくさん見つけると、偶然のようにそれが引き寄せられてきます。偶然が増えることは、運がよくなってきたサインです。

趣味から人脈を広げる

仕事運のいい女性は、人脈作りに重きをおいています。

仕事は人と人の関わりによってできますから、人脈が広いほど、仕事の幅やチャンスも広がります。「仕事運＝人脈」ともいえるでしょう。

人の縁は出会いから始まりますが、出会っただけでは人脈にはなりません。互いに信頼関係が生まれて、初めて人脈となるのです。

たとえば、出会いのきっかけは仕事でも、食事やゴルフなどに出掛けるだけで、親しさはぐんと増します。

仕事のできる女性は、知識やスキルを磨くだけでなく、常にそうした仕事を超えて相手にアプローチする力を磨いているのです。

これから人脈を作りたい人は、趣味から入るのが一番。まず、自分と同じ趣味の愛好家が集まるクラブ、セミナーなどに参加してみましょう。

あまりニッチな趣味より、たとえば旅行や歴史、クラシック音楽など、性別や年齢層を問わない趣味のほうが、人脈作りにはおすすめです。

趣味の集まりだと、たとえば大企業の社長など、普段は縁のない思いがけない人と出会う可能性だってあります。趣味が共通なので出会ってすぐに親密になれますし、人づきあいが苦手な人でも会話が弾みやすいでしょう。

趣味は人の心をひとつにします。親しくなれば、とても強い人脈になり、必ずあなたの仕事運を上げる味方になってくれます。

仕事運を磨く戦略 07

自分と同じ趣味の集まりに、どんどん参加してみましょう。普段の仕事では出会えない人との人脈が生まれるきっかけになります。

人を人に紹介するといい運の循環が生まれる

たとえば、心から感動できる本を読んだとき、多くの人に「とてもよかったから、ぜひ読んで」と紹介したくなりませんか？

同じように、仕事でメリットのある人と運よく知り合えたら、出会いに感謝をして、ほかの人にも紹介してあげるべきです。

ところが、ビジネスで強みになる人脈は、自分だけのものにしたい、人に紹介すると損をすると思う人もいます。

仕事運のいい女性は、自分にとってメリットがあると思う人ほど、喜んで自分の知っている人たちに紹介します。

相手にもメリットがあると思うからこそ紹介するのであって、紹介された人はもちろん喜びます。

紹介する相手が多いほど、今度はいい人を紹介してもらったり、仕事で助けてもらったり、そうして人脈はどんどん広がり、強くなって、仕事の成功につながっていくのです。

人脈は「仕事運を招き入れるルート」。人に紹介することを損と思えば、人脈は広がりませんから運もそこまででしょう。紹介できる人が多いほど、人脈は広がり、喜びが感謝を生んで、そこに招運のスパイラルが生まれます。

仕事運を磨く戦略 08

仕事にプラスになる人は、同じくプラスになると思う人に喜んで紹介しましょう。人脈は「人と人をつなぐ」ことで広がっていきます。

感情のコントロールは仕事運の鍵

感情がコントロールできることは、女性の仕事運に大きく影響します。

コントロールとは、ただ感情を抑圧することではなく、その場に応じて意識的に調節ができるということです。

たとえば、有能な女性実業家などは、ここぞというときはバンと感情をぶつけて相手を圧倒しますが、抑えるべきと思ったら、パッと引いてにっこりほほ笑んでみせたりします。

感情だけで突っ走らずに、むしろ感情をうまく使って、人の心をつかむわけです。

感情の向くままに動く女性は、仕事運の要である人間関係で衝突したり、せっかく実力があっても、感情に負けて運を下げることも少なくありません。

そもそも女性は男性よりもインスピレーションで行動できますから、感情をプラスにいかせば、思いがけない成功を収められるのです。

これからは、女性がビジネス界でますます活躍する時代です。

感情をコントロールする力を身につけて、実力をフルに発揮させてください。

仕事運を磨く戦略 09

感情で突っ走ると、仕事運を下げるばかりです。
抑えたり発散させたり、意識して調節してみましょう。

イラッときたら 歩く瞑想

嫌みの多い上司、使えない後輩、自分勝手なお得意先……。

思わずイラッときたり、うんざりするときは、ストレスをためる前にちょっと席を離れて、社内をウォーキングしましょう。

いわゆる気分転換ですが、場所を変えるだけでなく、歩いて移動することで「氣」がすっと変わります。

階段を昇り降りしたり、違うフロアに行ったり、可能なら外に出て近辺をぐるりと散歩しましょう。

そうしてしばらく歩き続けながら、イライラのもとについて考えます。

いわば「歩く瞑想」です。

じっくり集中して考えながら歩いていると、だんだん頭がクールダウンしてきます。歩くことは、整理や分析の脳である前頭葉の活性にもなるためです。気持ちを鎮めるのはもちろん、対処なども冷静に考えられるでしょう。

アイデアが浮かばないとき、何か考えたいとき、迷ったときなどは、こうして「歩く瞑想」をしてみてください。

人と会っても立ち話をしたりせず、じっくり考えながら歩くのがコツ。

デスクに座っているよりずっと、いい考えが浮かぶはずです。

仕事運を磨く戦略 10

ストレスをためることは仕事の能率も、仕事運も下げる大敵。
席を離れて歩きながら考えると「氣」が変わって冷静になります。

つらいときこそ成長するチャンス

仕事で失敗をしても、問題があっても、いつでも「前向きに行こう」と落ち込まない人がいます。

「前向き」という言葉は、常に前進するいい資質としてとらえられていますが、こういった人が必ずしも運がよくなるとはいえません。

失敗をしたり、つまづいたとき、気分は落ち込みますが、それは人を成長させるチャンスでもあります。

改めるべきところを反省し、失敗から学んで次に生かすことができると、仕事運はぐんぐん育っていきます。

いったん後ろ向きになって、初めて前向きになれるのです。

いつでも「前向き」の人は、嫌なこと、つらいことを考えたくないだけで、人として成長することもありません。

落ち込んだり、つらいと思うとき、無理やり頑張ったり、ポジティブになる必要などないのです。

いったん、立ち止って考えてください。

そして、仕事以外の楽しい要素を取り入れて、つらい気持ちを打ち消せば、必要以上に落ち込まないですむでしょう。

後ろ向きになって、それから前に進むのが、正しいポジティブ。

そのくり返しが、心を強くして、未来の成功につながるのです。

仕事運を磨く戦略 11

無理やりポジティブになっても、仕事運は上がりません。
つらいときこそ、自分を見つめて運を育てるチャンスです。

Chapter

5

幸運をずっと継続させる秘訣

～幸運を継続させる17の戦略～

「17」の数のパワー……人気運を高めて自分の夢を実現する。

結婚しても運を磨き続ける

「結婚＝幸運のゴール」。そう思っている女性も多いかもしれません。

もしいい結婚ができたなら、それは恋愛運が育って花開いたということ。運のレベルアップのしくみ（↓27ページ）でいうと「開運」をした状態で、じつはそこからが「幸運」へと続く道の始まりなのです。


結婚後も自分を磨き、運を磨き続けてより大きな「幸運」を目指してください。

さらに美しくなる努力をして、仕事のキャリアも上げていきましょう。

たとえ専業主婦になっても、家族の健康管理のために栄養の勉強をしたり、インテリアコーディネートの知識をつけたり……。主婦のプロフェッショナルを目指せば、それは必ず「未来の可能性」を広げます。

結婚したから幸運を手に入れたと自分を磨く努力を怠れば、愛とともに運もしぼんで、またふり出しに戻ってしまうことだってあるのです。

「幸運」とは「開運」した後も、幸せを継続させる努力をした人がもらえる、運のごほうび。開運で得た幸せをより長く、持続させる運です。

また、結婚をしていなくたって、幸運な女性はたくさんいます。

仕事の開運、お金の開運、いろんな運を育てて花開かせ、自分にとっての幸運をつかみましょう。いつも輝きながら生きることこそが「幸運な人生」です。

幸運を継続させる戦略 01

運は磨き続けないとくすんできます。結婚しても、していなくてもいつもキラキラ輝き続ける女性が、継続する「幸運」をつかめます。

アロマキャンドルでインスピレーションを鍛える

無意識からやってくる「インスピレーション」(→78・124ページ)は、恋愛でも仕事でも、運のきっかけを示すサインと話しましたね。

このインスピレーションがたくさん湧くときは、じつは運をキャッチする感度が高くなっているときです。インスピレーションが湧きにくい人に、運をよりよくするコツとして、そのしくみを紹介しましょう。


脳に流れる電気信号を脳波といいますが、脳波が10ヘルツを示すとき、インスピレーションが起きやすくなると脳科学の研究でもわかっています。

脳波10ヘルツとは、左脳と右脳がバランスよく働いている状態で、このとき左脳と右脳の奥にある「間脳」という脳が活性化されます。

この「間脳」こそがインスピレーションや潜在脳力の中枢。間脳は嗅覚《きゅうかく》を除く感覚神経の中継、自律神経系の制御などの働きをもつ、別名「爬虫類《はちゅうるい》の脳」といわれる原始的な本能をつかさどる脳です。

いわゆる「第三の目」と呼ばれる、眉と眉の間の奥、前頭葉の後ろに間脳はあります。ヨガや瞑想などのスピリチュアルな世界では、この「第三の目」が開かれるとき、目に見えないものが見えるようになるといわれます。

第三の目というと神秘的ですが、実際に間脳の働きが高まるとき、運の兆しに敏感になるなど、**カンが鋭くなったり、インスピレーションが湧きやすくなるのです。**

運をよくするには「感じる力」（↓30ページ）を高めることが重要とこれまでくり返し話しましたが、そのベースを作るには、間脳の働きを活性化させることが大きなポイントなのです。

そこで、取り入れて欲しいのが「アロマキャンドル」です。

間脳が活性化するのは、脳波10ヘルツのとき。リラックスしているときの脳波、α波も10ヘルツ前後です。

ろうそくの炎をじっと見つめてリラックスするだけでいいのです。すると、だんだん無意識になり、さらにいい香りが脳に伝わると、うっとりとした心地がしてきます。「アロマキャンドル」は、脳波10ヘルツの状態を長く保つことができるため、これを習慣にするだけで間脳の働きをよくするトレーニングになります。

何かアイデアを考えるときは、アロマキャンドルを焚いて炎を見つめ、香りを楽しんでください。インスピレーションやアイデアが浮かびやすくなります。

さらに、ワクワクする未来のプランを立ててみてください。

「香り」と「ワクワク」という心の動きが結びつくと、その思いは強いイメージとなって側頭葉から海馬という「記憶の脳」にメモリーされます。

一度、海馬に記憶された情報は、何度も思い出したり頭の中でリピートされるため、無意識の行動などで実現されやすくなります。

これも、「運のマネージメント（管理）」のひとつです。

アロマキャンドルで間脳の働きを高め、インスピレーションをたくさん湧かせて、運のチャンスに気づいてください。

さらにワクワクしながら夢を海馬に記憶させて、未来でどんどん実現させていきましょう。

幸運を継続させる戦略 02

アロマキャンドルの炎と香りで、インスピレーションをたくさん湧かせましょう。間脳が刺激され、運の変化を感じる力が高まります。

感動を増やして運をよくする

日常にワクワクすることが多いほど、運はよくなります。

ただし、楽しい出来事を前にしたときなど、理由のあるワクワク感では、その効果は少し弱い。たとえば、その人といると、その場所にいると、それに触れると、なぜかワクワクする……。そんな理由もなく感じるワクワク感が鍵。わけもなくなぜか「心を奪われる」という感覚です。

ワクワクという心の動きは、いい換えると静かな「感動」です。

感動する機会が多い＝心の「感じる力」が高まること。すると運の変化やチャンスに気づきやすくなり、より大きな運を引きつけるのです。

感動は頭で考えて起こることではありませんから、感動しにくいという人は、「五感」を刺激して感受性を高めてください。

すばらしい映画を見る、好きなアーティストのコンサートに行く、話題のアート展に行く、憧れの人に会う、おいしいものを食べる……。

なかでも、自分がより「心を奪われるもの」は何か、関心を持ってください。

心を奪われるものは「感動」のもとです。感動が大きくなると、さらに心が揺さぶられる「感激」となり、幸運を引きつけるパワーになります。

始まりは、日常にワクワクするものをたくさん見つけることからです。

幸運を継続させる戦略 03

心が動かされるとき、運を感じる力が高まります。
ワクワクから感動、感激と心が大きく動くほど、幸運を引きつけます。

「潜在脳力」を引き出す満月のパワー

私は満月の夜に「満月護摩《まんげつごま》」という炎のライブを開催しています。

満月のパワーと護摩を焚く炎のエネルギーに音楽を融合させ、そうして生まれた強い「場」で祈りながら、さまざまな力を高めるライブです。


満月の夜は、月の引力や磁場の変化により、左脳と右脳が協調し、インスピレーションが起こりやすい状態になります。

左脳と右脳がバランスよく働いているとき、その奥にある「間脳」が活性されると話しましたね(↓152ページ)。

間脳は遺伝子の記憶と結びつく、原始からの本能をつかさどる脳。

普段は使われていない未知の「潜在脳力」も、この間脳の活性がスイッチとなって呼び起こされるのです。
「潜在脳力」とはインスピレーションをはじめ、見えないものを感じる力です。満月の夜は、そうした「潜在脳力」が最も発揮されやすい、運をよくするチャンスのとき。「気づき」（↓42ページ）も起こりやすくなります。

また、満月の夜に願いごとをすると、脳内に情報として強く記憶され、実現しやすくなります。

満月の夜、美しい月を見上げるだけでも何かパワーを感じるでしょう。夢を思い浮かべながら、月をじっと見つめてみてください。

幸運を継続させる戦略 04

満月の夜、月に願いごとをしてみましょう。アロマキャンドルを焚いて夜を過ごすと実現のインスピレーションが湧くかもしれません。

瞑想を毎日に取り入れる

「瞑想」は心を空っぽにして、何も考えていない状態を作ることで、自分と向き合うトレーニングです。

瞑想はいい運を育て、それを持続させることにとても役立ちます。

瞑想状態になると、どことなく幸せな感じがしてきます。

そして、何かしらの「気づき」が必ず起こります。

「なるほど！」「そうだったんだ！」と、心の奥深くから突然、答えがパッと浮上してきて、さまざまな出来事の理由や意味、真実などに気づくのです。

「気づき」は人を成長させ、気づきが多いほど人生も豊かになります。

瞑想というと一般的にはヨガやお寺の座禅を思い浮かべることでしょう。

そうした、瞑想法は誰にでもすぐできるかというと、少し難しいかもしれません。これまでにトライして、できないと思った人もいるでしょう。

じつは毎日の中で何気なく、瞑想状態になることはあるのです。美しいものを見つめるなど、何かに心を奪われたり、見とれたりするとき、それは瞑想であるともいえます。誰にでもできるので習慣にしてみてください。

◆キャンドルを使った入浴の瞑想

ぬるめの湯に香りのいい入浴剤を入れ、キャンドルに火を灯して、香りを楽しみながらキャンドルの炎を見つめてリラックスしてください。

水の「氣」と火の「氣」を心に取り入れ、リラックスすると左脳と右脳はバランスよく協調して間脳を活性化します。これは瞑想状態の脳です。

ただ、気持ちいいと感じていれば、自然とそうなります。

炎をじっと見つめていると心がひとつになり、ふっと気づきが起こります。

◆夜景を眺める瞑想

窓や屋上など高いところから、夜景を眺めてください。キラキラという夜景の輝きは、間脳を刺激して瞑想状態にします。できるだけ周囲が暗いところで、輝きに見入っているだけで、うっとりとしてきます。それが瞑想状態です。

◆おいしいものを食べる瞑想

「ああ、おいしい」としみじみ味わうと、じんわり幸せな心地がします。この深い満足感は、瞑想の先にある「サマーディー（三昧《ざんまい》）」という状態。無意識で幸せに包まれる感覚です。よりおいしいものを味わって体感してください。

幸運を継続させる戦略 05

「うっとり」と何かに心を奪われるとき、瞑想が起こっています。日常にたくさんある瞑想の瞬間に気づきましょう。

幸せな瞑想を習慣にしましょう

毎日の習慣にしたいバスタイムの瞑想には
天然成分のフローティングキャンドルがおすすめ。
高いところから美しい夜景の輝きを見つめたり
おいしいものを食べる幸せも瞑想のひとつです。

冷えは幸運の大敵

女性はそもそも体が冷えやすいため、体を温める工夫をしている人もたくさんいることでしょう。
これは女性の幸運を招くためにも、じつはとても大切なことなのです。

体が冷えると、健康や美容に悪いだけではありません。
冷えると「氣」も縮んで流れが悪くなり、しまいには停滞します。
「氣」の流れ＝運ですから、冷えは運にとっても大敵なのです。

体だけではありません。「心の冷え」も同じく氣の流れを悪くします。
男女の愛が冷えきる、お金がなくて心が寒い、イライラして人に冷たい……。

体が冷えて、心も冷えていたら、運氣は下がるいっぽうです。


体で感じる冷え、心で感じる冷えは、リンクしている部分もあります。

たとえば冬は温かい家にいると、それだけで心もほっとします。

喜びや感動などで心が温まると、血行がよくなって体も温まります。

運がよくないと感じるときは、「冷え」に敏感になり、体を温めるだけでなく、心の冷えも温める知恵をつけてください。

体と心のどちらも温かくすることで、氣とともに運の流れもよくなります。

幸運を継続させる戦略 06

「冷え」は不運を招くもと。体や部屋を温めると同時に、喜びや楽しみ、感動で心も温めて氣の流れをよくしましょう。

毎日の運動で運氣もアップ

幸運をつかむ人は、いつも体を動かしています。

ウォーキングやジムに通うなど、適度な運動の習慣があり、しっかり体力をつけて、仕事に趣味にと活動的に人生を楽しんでいるのです。


運動は血行を促し、細胞の生まれ変わる新陳代謝を高めます。

運動をほとんどしない人は、体の代謝が悪いために老廃物がたまり、氣の流れも滞ってよどんできます。運は氣の流れですから気力、体力ともにスタミナ不足では、行動も緩慢《かんまん》になり、運を下げるばかりです。

運動とは、まさに「運」を「動かす」（＝活性化する）こと。

適度な運動をした後は、気分もスッキリとするでしょう。

運動は体の「氣」を入れ換えて、運の流れを変えることにもつながるのです。

そこで、運動不足の人におすすめなのは、ウォーキングの習慣です。
歩くと早く氣が入れ換わります。整理や分析の脳である前頭葉が活性化されるので、歩きながら仕事のプランなどを考えるのもいいでしょう。

コツは太ももの内側とお尻にキュッと力を入れて歩くことです。へその下にある丹田《たんでん》という、氣を集める部分が鍛えられます。

体型がゆるむと、氣もゆるみます。美しさのためにも、毎日に運動を取り入れて、体とともに氣もキュッと引き締めて運を上げていきましょう。

幸運を継続させる戦略 07

運動が苦手という人はウォーキングから始めましょう。
朝の清浄な空気の中を歩けば、体の氣もフレッシュに保てます。

「聴く力」をもっと高める

本を読んだり、語学の勉強をするときは、黙読ではなく、実際に声に出して読んでみましょう。歌でもいいのです。大きな声で歌ってください。

大事なことは、話した言葉を自分の耳で「聴く」こと。それを理解しながら話すということです。

話を聞いているようで、実際には聞いていない「右から左へ」というタイプの人は、五感があまり使われず、感覚が鈍くなっているかもしれません。

人の話も、自分の話もよく「聴く」。

注意深く「聴く力」を高めてください。耳から入る情報への感度を上げると、運の流れなどを「感じる力」も高まります。

「聴く力」を鍛えるには、まず大きな声でしゃべることです。

さらに、きれいな花を見たら「きれい！」という具合に、心で感じたプラスの感情を声に出してみてください。目と合わせて、耳から入った情報は、脳の海馬に記憶されやすく、いいイメージが心に残ります。

「聴く力」を高めると、自分で話すときも言葉を選ぶようになります。

メールでの会話が多い人ほど、この「聴く力」は鈍くなりがちです。恋愛でも仕事でも、話をよく聞く人は、間違いなく運のチャンスが増えます。

幸運を継続させる戦略 08

未来の夢や目標も言葉にして、声に出してみましょう。
「聴く力」を高めることは「運氣」を高めることにつながります。

どんなことも楽しむ知恵をつける

運に好かれる人は、どんなことも楽しみに変えることができます。
楽しむことには努力はいりません。ただし「知恵」はいります。

たとえば、寝ても疲れがとれないとき。寝る位置を変えてみたり、健康寝具を探してみたり……。つらいと思いつつ、解決策をあれこれ試して「いい感じ♪」なんて楽しむわけです。

これはいわゆる「遊び心」です。

子供が遊ぶのといっしょ。公園のような遊具もない空き地でだって、どこからか空き缶を見つけきて、おもしろい遊びを始めるのと同じです。

そうやって、夢中になって遊び、周囲のみんなも楽しませる人は、運に好かれて当然です。

どんなことも楽しむ「知恵」は、現状は変わらなくても、好奇心で何か見つけて、何かできないかと考えて、それを実際にやってみることで育まれます。

仕事がつまらない、つらい、ストレスがたまる……。日常に小さな不運はたくさんありますから、それをどんどん楽しみに変える「知恵」をつけてください。

それがトレーニングになって、実際に大きな不運にあったときも、ただ落ち込むだけでなく、運の流れを変えるきっかけを見つけるはずです。

幸運を継続させる戦略 09

つらいときは目先を変えて、何か遊びの要素を取り入れて。現状の中に楽しみを見つけて乗り切る「知恵」をつけましょう。

片づけと掃除のツボも「感じる力」

運を継続させるために、部屋の片づけと掃除は不可欠です。

部屋の空気を入れ替え、物を片づけて、ほこりや汚れを取り除く……。

片づけと掃除は風水の基本でもあります。


わかっていてもできないという人は「感じる力」で改善してください。

まず、部屋をとことんきれいにして、掃除が終わった後、その気持ちよさにゆったりと浸って感動しましょう。

「ああ、気持ちがいい」「心からスッキリした」「片づいてうれしい」……。

五感で強く感じたイメージは、記憶の脳にインストールされます。

掃除や片づけを感情としっかり結びつけてください。

きれいになったら、インテリアなど部屋の居心地も整えましょう。
何より自分が「リラックスできる部屋」にすることが大事です。心地いいと感じると、掃除や片づけが無意識にうれしくなるのです。

最初はめんどうでも、散らかしたらすぐ片づけて、プラスのイメージをくり返し脳に記憶させましょう。

部屋を整えると、氣の流れが変わります。「感じる力」できれいな部屋に流れるいい氣に敏感になれば、掃除はもっとうれしくなるはずです。

幸運を継続させる戦略 10

脳にプラスのイメージを記憶させると、めんどうな掃除も無意識に「うれしいこと」に。五感で気持ちよさを堪能することです。

明るい玄関で運を引き寄せる

運をよくする環境を作るには、家の玄関を最も大事にしてください。

風水では玄関は運を招き入れる場所です。

そこで、どの方位に玄関があって、開運グッズを飾って……となるわけですが、それを気にするよりも、玄関は自分にとって気分が上がる、明るい場所にしておくことのほうがよほど大切です。

まず、荷物や生活用品などは棚にしまうなど整理しましょう。帰宅してすぐ目に入ると気分が下がるようなものはいっさい置かないこと。いつもきれいに掃除をして、花を飾ったり、アロマポットなどを置いて、帰ってきたとき、人が訪ねてきたときに、いい香りがふわっとするようにします。

棚や壁には、自分の「好きなもの」を飾るといいでしょう。

好きな絵や写真、雑貨などのほか、小物入れや傘立てのような実用品も、好みのデザイン性の高いものにこだわってください。

また、玄関が暗い場合は、照明をいつもつけておきましょう。白熱球など温かな色調の明かりを使ってください。帰ってきて、玄関が明るいとホッとしますし、空間の「氣」が明るくなるためです。

ポイントは、帰ってきて一番最初に自分の気分＝「氣」を明るくさせること。

それが、いい運を引き寄せることになるのです。

幸運を継続させる戦略 11

玄関には自分の好きなものをたくさん飾りましょう。

いい香りと照明で明るい場にしておくことが運を引き寄せます。

居心地のいいトイレで運もデトックス

最近、運が停滞している、なんとなく氣がよどんでいる……。

そう感じたときは、真っ先に「トイレ掃除」。運が悪い人の家のトイレは、必ずといっていいほど汚れていたり、じめっとして嫌な臭いがします。

トイレは排泄物と合わせて、**体の「悪い氣」をデトックスする場所です。**

身体でいえば、体液を解毒して外に出す「腎臓」と対応します。

家の水まわりには悪い氣を吸収して浄化する作用もあるのです。

昔から手や体を水で洗い清めることを「禊《みそぎ》」といいます。体内の悪い氣を流す「浄化の場」のトイレが不浄では、邪氣がそこにたまっていき、住人の氣も停滞してよどんできます。

また、掃除と合わせて、トイレを居心地のいい場所にしておくことも大切。悪い氣を流して浄化する＝「再生」「復活」を意味しますから、**いい氣の循環を作る、自分にとって気持ちのいい場所**であるべきでしょう。

換気をよくして悪臭のもとを断ち、花を飾ったり、アロマポットなどでいつもいい香りのする空間にしておきます。さらに、お気に入りのカバーやマットを使い、壁には見ると気分がよくなる絵や写真をかけるといいでしょう。

トイレは金運のめぐりにも大きく影響する場所。常に清潔第一です。

幸運を継続させる戦略 12

トイレは悪い氣を「浄化する場」です。清潔でいい香りのする居心地のいい場所にして、使用後は必ず手を洗って清めましょう。

インスピレーションの湧く「場」を整える

インスピレーションは運を変えるきっかけのサイン。家や仕事場でインスピレーションがたくさん湧くよう「場」を整える秘訣を紹介しましょう。

まず「香り」です。

香りは鼻から入って、直接、脳の前頭葉に働きかけます。いい香りは脳をリラックスさせ、インスピレーションも湧きやすくします。

自分が好きな香りでいいのですが、できれば効能がはっきりしているアロマオイルを焚くと効果的でしょう。目安としては、グレープフルーツやローズなど、誰にとっても好まれる香りが、空間の定番としておすすめです。

そして、「シンメトリー（＝左右対称）」に物を配置することです。

インスピレーションが湧きやすいのは、左脳と右脳がバランスよく働いているとき。視覚的にシンメトリーは、左脳と右脳の両方を刺激して、安定をイメージさせます。

人が整っている、美しいと感じるデザインは左右対称形が基本です。インテリア雑貨を左右対称に置いたり、椅子や家具の配置を工夫してみましょう。

特に人がよく出入りするオフィスは、空間の氣が乱れやすいので、余計にシンメトリーのレイアウトを取り入れると、場が整って落ち着きます。

もちろん「掃除」は場を整える前提ということを忘れないでください。

幸運を継続させる戦略 13

リビングや仕事場をいい香りで満たし、家具や雑貨をシンメトリーに配置しましょう。幸運のインスピレーションが湧く「場」を整えて。

音の波動で氣を動かす

音は目に見えない波動です。空気をふるわせて流れ、耳に届くわけです。
音の波動は、耳という五感のひとつを通して脳に直接働きかけ、「氣」にも大きく影響します。

人間の脳は90デジベル以上の低周波音を一週間も聞かせられるような環境にいると、脳が「危険」と認識して、副腎皮質ホルモンを分泌します。
それは体の各器官を緊張させる作用があり、車などの騒音がひどい場所に住んでいると、頭痛や耳鳴り、不安感を覚えてイライラするのはそのためです。

反対に、高周波音を含み、テンポが一定のモーツアルトの曲や、1／f揺らぎと呼ばれる自然の音などは、脳を活性してリラックスさせるといわれています。

特別な音でなくても「自分にとって心地いい、気分がよくなる音楽」でいいのです。たくさん見つけて、日常で流せば「氣」の流れがよくなります。

音は人だけでなく空間の「氣」も動かしますから、たとえば家を留守にするときも音楽をかけたままでいくと、場の「氣」が動いて停滞しません。

眠るときや瞑想には、気分が落ち着く曲、潮騒や川のせせらぎなど自然の音を取り入れるといいでしょう。活動の前には元気をくれる曲です。そうして気分やムードで自分の好きな曲を使い分け、いい「氣」を高めてください。

幸運を継続させる戦略 14

朝の活動前、仕事や食事中、眠るとき……。常に気分や場のムードに合う「心地いい音」を流すことで「氣」の流れ＝運の流れがよくなります。

輝くものを身につける

お金は「光っているところに集まる」と話しました（↓106ページ）が、金運はもとより、運を招くには「輝くもの」を身につけるのがおすすめです。

輝きは光を集め、放つ光とともに「氣」を早く動かします。

いい氣を集めて、悪い氣をパッと動かして散らす効果があるのです。

お金持ちがキラキラ光る宝石を身につけるのは、自慢というより、本能的に宝石の輝きが自分に幸運をもたらすと感じているせいもあるでしょう。

高価なジュエリーでなくてもかまいません。自分が気に入った光り輝くアクセサリーや時計などをいつも身につけていればいいのです。くすんでいない、できるだけ光を反射するものを選びましょう。

特に悪い氣がたまっていると感じたときは、クリスタルが一番です。クリスタルは悪い氣を吸収して、浄化するパワーストーンです。光を受けるとパーッと美しい輝きを放ち、一気に悪い氣を散らして、いい氣が満ちるのを感じるはずです。空間に置いたり身につけて、月に1～2回、塩水に一晩つけて吸収した悪い氣を浄化するといいでしょう。

輝くものは女性を華やかに見せ、魅力も高めてくれます。
キラキラ輝くものを身につけて、いつも光を放つ女性でいてください。

幸運を継続させる戦略 15

光り輝くアクセサリーを身につけて、いい氣を集めましょう。
特にクリスタルは悪い氣を浄化するお守りになります。

指輪で幸運を招く

女性にぴったりの幸運を招く習慣として、指輪のつけ方を紹介します。

まず「氣」のエネルギーは左手から受けて、右手から放出されます。

右手は「やる気」「行動力」の源ですから、夢の実現には右手を使います。

パワーストーンのブレスレットなどは、氣をもらう石は左手、氣を浄化する石は右手につけてください。

そして、運をよくするには、とくに3つの指を使い分けるといいでしょう。

一番強い指は「人差し指」で「方向を決める指」です。

人差し指に指輪をすると、自分の夢や目標のプラスになる氣と共鳴して実現に導きます。恋愛ではいい出会い、仕事ではリーダーシップの力が増します。

また、方向を見失ったときには、方向を定める力をもたらします。

「中指」は直感、インスピレーションを高める指です。運の流れを変えたいとき、迷ったときに、インスピレーションをもたらします。

「薬指」は創造性、クリエイティブな力を高める指です。感性を高めて、自分らしさを表現する力になります。

指輪の金属はツヤ消しでなく、光り輝くものを選んで、よく磨くことも大切。好きなデザインの指輪を目的の指にはめて、運を引き寄せてください。

幸運を継続させる戦略 16

右手の人差し指を基本に、中指、薬指と使い分けて好みの指輪で運を招きましょう。ピカピカに磨くことも忘れずに！

ダイヤモンドは幸運のシンボル

この本では「ダイヤモンド」のモチーフを使っています。
女性の幸運のモチーフとして「ハート」が好まれますが、「ダイヤモンド」のランクはもっと上。「最上級の幸せ」の象徴です。

ダイヤモンドは、この世で最も硬い物質です。
「金剛石《こんごうせき》」とも呼ばれ、それは「究極の自由」を意味します。
何にもとらわれない自由な心こそが、究極の幸せなのです。

自分を磨き、輝く女性を目指すとき、ぜひ「ダイヤモンド」を思い浮かべてください。純粋な透明な心に、光を集めて、すべて反射させて光を放つ……。

自分自身がダイヤモンドに思えるようになれたら、それこそが幸せです。

もちろん、実際にダイヤモンドを身につけることもいいでしょう。前の項目で指輪の話をしました。夢や目標をかなえる「人差し指」に、小さくてもいいのでダイヤの指輪をつけてみてください。可能ならダイヤのついた細いリングを3本。「3」は「炎」の氣を集め、実現する力をくれます。

身の周りのものにも、ダイヤモンドのモチーフをたくさん取り入れましょう。ダイヤモンドのように自分自身を一生懸命に磨いて、輝かせてください。

幸運を継続させる戦略 17

ダイヤモンドは自分自身。ジュエリーやモチーフで取り入れていつも自分を磨いて輝かせる努力を忘れないように。

運を磨くまとめ

運のいい女性の検定試験

最後に運をよくする要点のテストです。実践できていたら☑を入れましょう。

- □ 部屋が片づいていてきれい。居心地がいい。
- □ おもしろそうなこと、興味のあることにはすぐ飛びつく。
- □ 人と会うのが楽しい。たくさんの人と知り合いたい。
- □ 思いついたことは、すぐ行動に移す。
- □ 欲しいものがたくさんある。
- □ 自分のやりたいことがいえる。目標がある。
- □ 失敗したとき、つらいときこそ、チャンスだと思う。
- □ カンが冴えてきた。ひらめきが多くなった。
- □ 自分が好き、大事にしたいと思う。
- □ 自分を取り巻くすべての人に感謝したい。

□男性をルックスや肩書きで選ばない。

□これからもっと運がよくなると思うとワクワクする。

□自分を磨くためにお金を使っている。

□映画やコンサート、アート展などによく行く。

□ちょっとぜいたくでも、上質なものを選びたい。

□趣味の集まりに参加している。趣味の仲間がいる。

□自分を見つめる時間を作っている。瞑想を習慣にしている。

□上質で光沢のある長財布と小銭入れを使っている。

□香りにこだわっている。アロマキャンドルを使っている。

診断結果

☑の数が……
0〜5個なら運はまだ停滞ぎみ。
6〜10個は運が上向きに。
11〜18個は運が上昇中。
いずれもぜひ本を読み直して19個を目指しましょう。

おわりに
運を育てるのは感謝と愛

一冊にわたり、運のマネージメント法をさまざまなアプローチで紹介してきました。読み進めるうちに「自分の運は今よりよくなる」と未来の幸せに自信を強めてもらえたことと信じています。最後に運をよくするためには「感謝」と「愛」が何より大切であることをあらためてお伝えします。

何かいいことがあったとき、そこには感謝をすべき相手が必ずいます。その相手への感謝を忘れずに、言葉だけでなく行動で、受けた恩を返してください。感謝をし、感謝をされて、相手との信頼が深まり、その土壌で運は育っていくのです。

そして、運を育てるためには、愛をたくさん知ることです。

恋人や夫婦だけでなく、両親やほかの家族、友人など周囲の人、さらに動植物や物質にだって、愛は向けられます。たとえ結婚していなくてもいろんな愛を知れば、運は育って開けていきます。幸せの形は人それぞれです。自分にとっての幸せを見つけてください。

私は『幸福な成功者』を育てるために『ラックマネージメント・フォーラム』という、運をよくするための良質な学びと交流の会を主宰しています。本書でお伝えしたことをさらに学ばれたい方は、巻末のホームページをご覧ください。

最後にこの本の出版にあたってお世話になった方々、いつも私の活動を支えてくれる家族、そしてスタッフに、この場を借りて感謝したいと思います。

2010年11月22日　満月・「一粒万倍日」の大吉日に

松永　修岳

PROFILE

松永修岳 ● まつながしゅうがく

岐阜県生まれ。「運」の成長戦略コンサルタント。
ラックマネージメント・フォーラム代表。
風水環境科学研究所代表。
19歳のころより「奇門遁甲」「風水」「四柱推命」などの運命学を学び、さらには東洋医学、空海が伝えた密教、心理学、脳科学などについても研鑽を重ねる。「奇門遁甲」などの運命学と科学を統合した、独自の開運理論体系『ラックマネージメント®』を確立。コンサルティング実績は1万件を超え、上場会社をはじめとする経営者、国会議員をはじめとする政治家、一流のスポーツ選手やミュージシャンを数多く指導。『運の管理学―人生に「結果」をもたらす幸せの方程式』(講談社)ほか著書も多数。
ラックマネージメント・フォーラム
http://www.luckmanagement.jp/happy_lady/
風水環境科学研究所
http://www.fusui.co.jp/

愛されて成功する！
女の運の磨き方

編集協力	山﨑祥子 早川真雅(ラックマネージメント・フォーラム)
デザイン	浜出理絵
イラスト	蛯原あきら
編集担当	遠藤英理子(永岡書店)

著者	松永修缶
発行者	永岡修一
発行所	株式会社　永岡書店 〒176-8518　東京都練馬区豊玉上1-7-14 電話　03-3992-5155(代表) 　　　03-3992-7191(編集)

組版	センターメディア
印刷	精文堂印刷
製本	ヤマナカ製本

ISBN　978-4-522-42959-4 C0076